MW01630841

La cima del éxtasis

La cima del éxtasis
y una fuente infinita en Medina al-Zahra'

Luce López-Baralt

Coordinación de la sección gráfica e imágenes:
José Manuel Sánchez-Darro

E D I T O R I A L   T R O T T A

COLECCIÓN ESTRUCTURAS Y PROCESOS
Serie Religión

Ferraz, 55. 28008 Madrid
Teléfono: 91 543 03 61
E-mail: editorial@trotta.es
http://www.trotta.es

Ilustración de cubierta: Detalle de la cúpula de Janaqah, Mahan, Irán

ISBN: 978-84-9879-834-0
Depósito Legal: M-18490-2020

Impresión
Gráficas De Diego

Esto creo no lo acabará bien de entender
el que no lo hubiere experimentado

San Juan de la Cruz («Cántico» B VII, 10)

Es bien dificultoso lo que querría daros a entender,
si no hay experiencia

Santa Teresa de Jesús (*Moradas* 1, 9)

Es como explicarle a un ciego el color azul

(Ernesto Cardenal)

A Arturo,
porque tu amor me coloca en la antesala del Paraíso

CONTENIDO

NOTA DE LA AUTORA

El lector advertirá que este libro carece del aparato erudito que suelo emplear en mis estudios críticos, como las notas al pie de página, la bibliografía y las transliteraciones científicas de las lenguas orientales. La presente escritura testimonial pertenece a un orden distinto y, por su propia tesitura espiritual, la he querido dejar exenta de toda retórica académica. Al lector interesado no le será difícil dar con las referencias precisas de los numerosos autores citados en estas páginas.

AGRADECIMIENTOS

Agradezco vivamente la cercanía vital, la sabiduría y el apoyo de Alejandro Sierra, que ha cobijado estas y tantas otras páginas mías en la Editorial Trotta; así como la ayuda impagable que el artista José Manuel Sánchez-Darro, granadino universal, nos ha dado con la preparación y ajuste de las imágenes que ilustran el texto. Algunas son de su propia autoría. A Ana Crespo, va mi gratitud por nuestra gozosa complicidad espiritual y por su autorización a reproducir dos de sus obras. Para Wasmaa' Chorbachi, considerada una de las más importantes artistas plásticas del mundo islámico, va mi reconocimiento por autorizar la reproducción de su cerámica dorada. También mi gratitud, porque fue ella quien me introdujo al misticismo islámico cuando éramos compañeras de estudio en Harvard. Para expresar este último agradecimiento ya no hay palabras.

I

LA EXPERIENCIA DEL ÉXTASIS, IMPOSIBLE DE PONER EN PALABRAS

Si comprehendis, non est Deus
[Si lo entiendes, no es Dios]

(San Agustín)

La Belleza, ya se sabe, nos reclama con susurros de pájaro.

Bien que lo supo santa Teresa de Jesús cuando se sintió convocada por la hermosura de un espacio palaciego en Alba de Tormes. Aunque la Reformadora consideró excesivo el conjunto de ornamentos que vio exhibidos allí, no cabe duda de que sintió la sacudida estética como signo de un Misterio más alto.

En el capítulo 4 de sus *Moradas* sextas, la Madre Reformadora nos da noticia de la escena, que solo con el paso de los años entendió que le habría de ser útil para explicar a sus monjas la experiencia infinitamente dinámica que implicó la cúspide de su éxtasis, poblado de lecciones indecibles. Estando de camino por Alba de Tormes, santa Teresa fue recibida en la casa de la Duquesa de Alba. Al entrar al camarín o pieza «adonde tienen infinitos géneros de vidrios y barros y muchas cosas, puestas por tal orden, que casi todas se ven en entrando» (*Moradas* VI, 4, 8), confiesa que se queda espantada, y se detiene a considerar «de qué [le] podría aprovechar aquella baraúnda de cosas». Pero he aquí que, de súbito, lo intuye: «ahora me cae en gracia cómo me ha aprovechado para aquí. [...] aunque estuve allí un rato, era tanto lo que había de ver, que luego se me olvidó todo, de manera que de ninguna de aquellas piezas me quedó más memoria que si nunca las hubiera visto, ni sabría decir de qué hechura eran; mas por junto acuérdase [el alma] que lo vio». Allí a la santa se le había descubierto «cómo en Dios se ven todas las cosas y las tiene todas en sí mesmo» (*Moradas* VI, 10, 3).

Y entonces entiende que había una relación de parentesco, bien que *desde esta ladera*, entre la experiencia del éxtasis unitivo y la sala abigarrada de ornamentos del camarín de Alba de Tormes. Es que, tras su rapto extático, la Reformadora siente que su alma había quedado «embebecida con aquel representársele las grandezas que vio, más no [podía] decir nenguna» (*ibid.*). Queda pues «con grandísima confusión» ante esta inacabable revelación del «cielo empíreo» de la Divinidad, donde había entendido infinitas cosas de manera simultánea. Enseguida se supo incapaz de dar noticia de una sola de ellas.

Siempre me pareció enigmática la imagen de esta variopinta colección de objetos con los que santa Teresa intentó dar a entender algo del dinamismo del éxtasis infinito que le había acontecido.

Hasta que me fue dado experimentar la misma vivencia mística, atorbellinada e indecible, de la Reformadora.

Fue entonces —y solo entonces— que pude calibrar la magnitud de su hallazgo simbólico: la multiplicidad de conocimientos revelados que siempre implica el éxtasis transformante, justamente por su poblado dinamismo, se podría comparar, en efecto, con la «baraúnda» de adornos multicolores que aturdió a santa Teresa, que confesó ser incapaz de siquiera traerlos a la memoria.

Como a la santa, también a mí me había subyugado un particular espacio de inquietante hermosura, sobre todo por su jubilosa fuerza dinámica. La sobrecogedora pieza arquitectónica hispanomusulmana cuya belleza me imantó instintivamente fue el recibidor del palacio califal de la antigua Medina al-Zahra' en Córdoba. Cuando me enamoré del legendario *majlis* de Abderramán III, ignoraba que, andando el tiempo, me habría de ser útil para comunicar —más bien, para sugerir— algo de mi propia vivencia mística. En un fogonazo de intuición súbita, entendí que el espacio palatino que tanto me inquietaba guardaba una relación sutil con la experiencia vertiginosa y, a la vez, infinitamente reconciliatoria del éxtasis que me había acontecido. La sacudida estética me sobrevino mientras presentaba en Madrid el libro *Los bellos colores del corazón. Color y sufismo* de la artista y escritora Ana Crespo. Aunque este inspirado compendio de la metafísica del color en el sufismo no aludía, curiosamente, a la imagen palaciega andalusí, hizo un impacto directo sobre mis emociones más recónditas y me suscitó una Medina al-Zahra' ya convertida en símbolo místico. No me extrañó la intuición reveladora, pues para el sufismo la creación artística pertenece al terreno de la Luz.

De ahí que decidiera servirme de este particular espacio cordobés como símbolo de lo que había experimentado. Advierto enseguida al lector que no intento explicar aquí mi experiencia teopática con figuraciones artificiales: lo que realmente intuí fue que la imagen oriental elegida correspondía íntimamente a lo que Dios me concedió experimentar más allá del espacio-tiempo, de la razón, de los sentidos y del lenguaje. Sentía de algún modo que la representación elegida reflejaba lo vivido de manera inextricable: el símbolo, ya se sabe, suele ser intrínseco a la experiencia misma que «traduce». Este espacio arquitectónico que digo, inundado de luz y dotado de un sobrecogedor dinamismo, me ha sido pues de gran ayuda, como verá el lector, para comunicar algo de aquellas verdades reveladas, infusas, abisales e infinitas que lograron, en un instante en cúspide, darme a entender que todo en el universo está interrelacionado, sustentado y redimido en la Unicidad última del Amor. La vivencia extática vivida, como toda experiencia mística auténtica, no estuvo sujeta al discurrir racional: el razonamiento analítico no es permisible durante la iluminación, y de ahí que el arte alcance a sugerirla mejor que la razón pura. Intentaré pues evocar mi vivencia fruitiva del Todo sirviéndome de este espacio dinámico y dúctil del palacio omeya, elegido de manera instintiva, ya que me sugiere un instante que contiene todos los instantes; un tiempo colmado de sí que se convierte en presente puro; una Belleza inacabable, inconmensurablemente feliz.

Aunque nos sirvamos de imágenes sugerentes, sé bien que el esfuerzo por comunicar una experiencia infinita y supraracional siempre será insuficiente. Ninguna imagen alcanza a suscitar una idea ni siquiera aproximada de lo acontecido. ¿Cómo romper entonces el espejismo de esta conciencia transitoria en el que estoy inmersa, y celebrar la epifanía del Uno? En análogo trance, santa Teresa de Jesús suplicó a Nuestro Señor que «hablase por ella» (*Moradas* I, 1) porque no atinaba con una imagen adecuada para comunicar la magnitud de la vivencia que le había acontecido. Rusbroquio supo a su vez que no hay símil capaz de contener el abismo insondable de Dios, por lo que en el *Libro de la más alta verdad* nos previene «a estar libre, desprendido de toda imagen».

San Juan de la Cruz, prudentísimo director espiritual, sabía, por su parte, que le era preciso prevenir a sus dirigidos contra la tentación de encerrar la experiencia de Dios en imagen: «Dios, siendo como es incogitable, no cabe en la imaginación» (Ll III, 52). El poeta, doctor de las Nadas y perito en vacíos, martillea una y otra vez su lección, alejándose incluso de la meditación con imágenes, incluidas las centradas en la humanidad sufriente de Cristo, a las que tan adepta fue santa Teresa. La espiritualidad rarificada del Reformador lo lleva a alejarse de cualquier intento de corporeizar a Dios: «[...] los que imaginan a Dios debajo de algunas figuras [...], como un gran fuego o resplandor, o otras cualesquiera formas [palacios de perlas y montes de oro], y piensan que algo de aquello será semejante a Él, harto lejos van dél» (*Subida* II, 12, 4 y 5). El santo desoye incluso las imágenes bíblicas que ofrecen una visión del Supremo a la manera de un antiguo rey oriental, como hace el profeta Daniel (7,9) cuando propone el símil de un Anciano sentado mayestáticamente cuyas «vestiduras eran blancas como la nieve y su cabellera parecía lana pura; el trono era todo centelleante, y las ruedas fulguraban de resplandores. Un río de fuego impetuoso salía de su conspecto».

San Juan va por otros caminos, no hay duda. Para apuntar al carácter escueto y esencial de su unión teopática, se justifica en la experiencia vivencial de lo sagrado que tuvo Moisés, argumentando que «en este estado de unión [de] que vamos hablando, no se comunica Dios al alma mediante ningún disfraz de visión imaginaria o semejanza o figura, ni la ha de haber; sino que [lo hace] boca a boca, esto es, esencia pura y desnuda del alma...» (*Subida* XVI, 9). Dios comunica al alma Su esencia inaprehensible «de boca a boca», es decir, sin intermediarios ni imágenes. Me consta de primera mano que esta alta Verdad es indiscutible, y muchos místicos enterados así lo reconocen. Ibn 'Arabi se refirió al mismo extremo místico del «testimonio o atestiguación directa» (*shuhud*) en sus *Iluminaciones de la Meca*, cuando habla de la intimidad mutua y esencial que el alma experimenta con Dios. En este diálogo silente, el siervo recibe su conocimiento infuso directamente de la Esencia divina. «No son menester terceros», insiste santa Teresa, que aconseja a sus monjas, con inesperada valentía: «no te quedes con intermediarios». Bien se sabía que en esta vivencia directa de la Divinidad ya no hay rastro de bulto corpóreo. Y ello, pese a su proclividad a las imágenes tangibles a la hora de prescribir métodos de meditación a sus monjas.

Dios, como lo sabrá quien hubiera experimentado el éxtasis transformante, no se puede reducir a imagen. Pero asimismo me consta que, irónicamente, no podemos insinuar nada de Él si no es a través de desvalidos símbolos imaginarios que intentan en vano sugerir algo de Su abrazo inimaginable. Los contemplativos de todas las épocas y persuasiones religiosas prodigan precisamente las representaciones figuradas para insinuar el encuentro con la Verdad última. Aunque me es preciso insistir en que estas imágenes simbólicas resultan inútiles —y que, incluso, podrían rozar la desacralización— puede estar seguro mi lector que no tengo —que ningún místico tiene— otra opción para sugerir el Todo. Es nuestra única alternativa frente al silencio, que es en el fondo la actitud más respetuosa para con una experiencia espiritual de esta magnitud. Nos enfrentamos a un dilema que no tiene solución. Sin embargo, como el evento vivido nos desborda, sentimos la urgencia de celebrarlo y de compartirlo, a despecho de su inefabilidad intrínseca. José Ángel Valente lo resume como nadie: «el místico se debate entre la imposibilidad de decir y la imposibilidad de no decir».

Yo misma he advertido con tristeza ese desamparo comunicativo inmemorial en mis propios versos, pero no por ello podía quedarme sin referirme al éxtasis vivido: «mojo mi pluma / en un mar azul cuajado de perlas / y sigo urdiendo palabras siempre renovadas / tan solo para ocultarte».

Pese al peligro que conlleva ocultar la infinitud de Dios en una imagen evocada por un mísero puñado de signos verbales, me atreveré a decir lo que pudiere. Al hacerlo, me hermano con la mayoría de los místicos, quienes, con muy pocas excepciones, se han animado a hablar de lo que les ha acontecido en un plano trascendido de conciencia. Incluso aquellos que han tenido condición de maestros espirituales entendieron que debían compartir su vivencia sobrenatural para ayudar así a sus dirigidos: ese es el caso de maestros del alma como los reformadores del Carmelo, Thomas Merton, Ibn 'Arabi, Paramahansa Yogananda, por mencionar unos pocos. Otros contemplativos, en cambio, guardaron para sí la vivencia trascendente: siempre me he identificado con el pudor sobrecogido de Blaise Pascal, que ocultó su *Memorial* cosiéndolo dentro del ruedo de su vestimenta. Fue después de su muerte, y para fortuna de la posteridad, que encontraron el candente escrito, tan desgarradoramente sincero, en el que daba cuenta de su experiencia mística.

La madre Ana de Jesús, destinataria del «Cántico», a quien «no le faltó [el ejercicio] de la mística», según aseguraba su poeta y maestro espiritual, san Juan de la Cruz, calló para siempre los altos dones que tenía recibidos. Cuando la urgían a que los pusiera por escrito «para mayor gloria de Dios», ripostaba con gracia que «harto buena» estaría la gloria de Dios si necesitara de su testimonio. Respeto su silencio, pero siempre deploraré no haber podido leer directamente su testimonio extático, pues me informan frailes carmelitas muy autorizados que hasta el día de hoy tienen por tradición oral en el Carmelo Descalzo que Ana de Jesús era una mística rarificada en extremo. Ello no es de extrañar, dada la relación de entrañable camaradería que tenía con su maestro espiritual en los asuntos del alma.

No todos tenemos pues la misma reacción ante la vivencia indecible: «a otras personas será por otra forma» (*Moradas* VIII, 2, 1). Lo tiene muy sabido santa Teresa: el camino místico es distinto para cada cual. Habré de volver sobre ello.

Aunque en estas páginas he optado por dar testimonio de mi propio *secretum animae*, vuelvo a insistir en que la Trascendencia pura es siempre ajena a toda imagen, por lo que me someto a la humillación de cantarla en vano. El abrazo infinito de la Esencia se encuentra *a salvo del necio lenguaje humano*, por hacer mías las palabras del persa Rumi. En mi intento me habré de servir pues de la única herramienta de la que dispongo: unos cuantos símiles que iré entretejiendo sobre la atemorizada página en blanco. Con estos emblemas simbólicos —y pese a su inherente desamparo— trataré de sugerir algunos destellos del Amor que nos habita en lo más secreto del ser: justamente los que me fueron revelados en el instante intransferible del éxtasis transformante. No pretendo «traducir» la vivencia abisal del Todo con el lenguaje sucesivo; pero sí aseguro al lector que la experiencia, por su magnitud misma, detonó las imágenes con las que intento registrarla. Estas imágenes no la saben decir, porque sencillamente no pueden; pero ciertamente son hijas de lo sucedido.

Ya advertí que no intentaré llevar a cabo una deliberada transposición alegórica de la experiencia mística vivida. Aunque a veces me serviré indiscriminadamente de la palabra «imagen» o «símil» para referirme a la plasmación verbal con la que apunto al dinamismo sobrenatural del éxtasis, entiendo siempre que se trata más bien de un símbolo que, como apunté antes, guarda una relación intrínseca con la experiencia que simboliza. El símbolo no es como la alegoría, que constituye una tentativa de representar la experiencia y de hacerla accesible a los demás, sino que tiene una relación directa con la experiencia. Funciona pues, salvando las distancias, casi a manera de un «retrato» de los procesos espirituales del escritor místico. Es como el «reflejo» en un plano inferior de una realidad que corresponde a un estado ontológico superior. Un «reflejo» que en esencia está unido a aquello que simboliza, mientras que la alegoría constituye una figuración artificial de lo vivido. Para Jean Baruzi, por poner un ejemplo, la *noche* y la *llama* son símbolos esenciales a la experiencia mística de san Juan de la Cruz: constituyen la forma en la que le vino a la intuición la experiencia vivida. El sanjuanista propone que en cierto sentido estos símbolos constituyen la experiencia misma, pero me atrevo a matizar su propuesta: más bien nos dan una noticia incompleta pero en cierta manera legítima de la experiencia vivida. Pese a su desamparo, apuntan a ella.

Como anticipé al lector, viví una experiencia fruitiva y directa de Dios que, al no estar constituida por imágenes, carecía de toda posibilidad de ser representada. Y, sin embargo, el éxtasis transformante que experimenté como un suceso supraracional de dinamismo infinito, en el que me fue dado comprender la riqueza inagotable de la urdimbre última del Amor que sustenta el universo, guardaba para mí una extraña relación con la vivencia relampagueante que debió haber experimentado el visitante del recibidor del califa Abderramán III en la antigua Medina al-Zahra'. El huésped de la estancia real atestiguaba de golpe un torbellino de colores y formas abstractas girando en movimiento circular, y este movimiento se reflejaba a su vez sobre una fuente de mercurio plateado y dúctil, que multiplicaba infinitamente el cromatismo danzante. Cuando decidí emplear este símbolo para mis propios fines místicos no estaba tomando una decisión racional; antes, como anticipé, se me impuso el símil con todo el esplendor de su gozoso dinamismo. Aquel recibidor del califa cordobés, hundido en la leyenda pero aún vivo en el imaginario de los poetas y cronistas de la época hispanoárabe, guardaba un perturbador parentesco con el éxtasis abisal que había vivido años atrás. Comprendí de súbito por qué aquel espacio mágico de la perdida

Al-Ándalus me había imantado siempre por su extraña, opalina belleza. Me deslumbraba el poderío de aquella imagen, poderosamente unificadora pese a su dinamismo reiterado, que contenía simultáneamente todas las imágenes cambiantes y las repetía gozosa en el hondón de la fuente mercurial, haciéndolas *una*. Tendré más que decir sobre este conjunto dinámico, que se me reveló como un símbolo útil para sugerir al lector la vivencia inimaginablemente dichosa del éxtasis transformante.

Como venía diciendo, los mundos verbales inéditos que urdimos para expresar lo sobrehumano son misteriosamente íntimos, porque nacen en lo más recóndito del ser. Sospecho que el proceso está ligado no solo a nuestra psique profunda, con su historial psicológico y sus vivencias particulares, sino a nuestra sensibilidad y a nuestras proclividades artísticas más determinantes. Teresa de Jesús, por poner un caso ilustrativo, fue una «arquitecta» instintiva que ya desde su niñez construía con humildes piedrecillas las edificaciones donde imaginaba que viviría junto a su hermano el deseado martirio a manos de los infieles. Ya adulta, la santa volvería a poner a buen recaudo su vocación de edificadora de espacios al diseñar y dirigir la construcción de sus conventos reformados. No es de extrañar entonces que, cuando pidió inspiración al Altísimo para poder hablar de alguna manera sus vivencias místicas, se le impuso el extraño símil de los siete castillos concéntricos del alma, hechos de cristal y fino diamante. Probablemente la Madre Reformadora, que tanto se solía quejar de su mala memoria, habría tenido noticia de la imagen por vía oral, y desconocería del todo su remoto origen islámico. Poco importa: lo cierto es que la hizo suya porque sintió que la ayudaba a expresar su vivencia sobrenatural. Por su abreviado carácter mnemotécnico, el hermoso símil le resultó adecuado a santa Teresa para sus altos propósitos pedagógicos, ya que precisaba orientar a las monjas que dirigía en lo relativo al peregrinaje que debían emprender por el interior de sus propias almas, en cuyo centro recóndito se encontraba Dios.

A aquellos de mis lectores que hayan tenido noticia de mis estudios comparatistas hispano-semíticos no les habrá de extrañar que me haya servido, de manera instintiva, de un motivo temático de raigambre árabe para testimoniar la misteriosa alquimia del alma en éxtasis. Ibn 'Arabi supo bien de estas misteriosas inclinaciones estéticas y espirituales que cada cual tiene, y recuerda en sus *Iluminaciones de la Meca* que Dios determina una teofanía especial para cada persona, dependiendo de cuán apta y afín sea para dicha teofanía. Esto explica que el contemplativo se suela servir de una realidad creada o de una simbología literaria que sienta cercana por su propia naturaleza psíquica para intentar comunicar con ella la revelación que tiene recibida. Cuando nos animamos a compartir nuestra experiencia directa del Dios infinito, solemos expresar Sus misterios ayudados por la evocación de la belleza creada a la cual somos más proclives, porque es precisamente la que nos provoca resonancias ocultas en lo más recóndito del ser. Ya he advertido, sin embargo, que estas expresiones simbólicas que sentimos tan cercanas gracias a nuestra particular conformación espiritual y estética constituyen tan solo signos secundarios que apuntan a Dios, sin contenerlo jamás.

Un *hadiz* o dicho tradicional atribuido al Profeta Mahoma hace referencia a esta «disposición natural» o *fitra* que todos tenemos: «Cada niño nace con una disposición original, pero sus padres lo convierten en un cristiano, en un judío o en un zoroastriano». Salvando las distancias, el antiguo dicho me es útil para hacer hincapié en el hecho de que la cultura religiosa heredada de cada cual y sus particulares modalidades expresivas no siempre coinciden del todo con la disposición emocional de la persona, ni con su naturaleza original más auténtica. Recordemos la elocuente «Saeta» de Antonio Machado: «¡Cantar de la tierra mía, / que echa flores / al Jesús de la agonía / y es la fe de mis mayores! / ¡No, no eres tú mi cantar! / ¡No puedo cantar, ni quiero / a ese Jesús del madero / sino al que anduvo en la mar!». El poeta se reconocía mejor a sí mismo en una espiritualidad crística trascendida y feliz, ajena al sufrimiento físico, que podríamos asociar con la sensibilidad pascual de los antiguos Padres del desierto o con el gozo quintaesenciado de los versos de san Juan de la Cruz.

Cuando las modalidades expresivas de una cultura particular nos resultan afines, parecería que nos «recuerdan» algo que ya teníamos sabido desde siempre. El «recordar» o «reencontrar» a nivel espiritual profundo es dar con una disposición original que en el fondo nunca hemos perdido, de la misma manera que redescubrimos con alegría al sol cuando reaparece en todo su esplendor tras las nubes que lo cubrían. De todo ello nos habló Platón, para provecho de Oriente y Occidente. Solemos sentirnos misteriosamente familiares a ciertas formas o expresiones artísticas, no empece sean completamente ajenas a nuestro propio entorno.

Aclaro que no me estoy refiriendo a un caso de conversión religiosa, en la cual la persona canjea la fe de sus mayores por otra, como les aconteció a Edith Stein, a Thomas Merton, a Martin Lings e incluso, aunque de manera incompleta, a Simone Weil. Apunto en cambio al descubrimiento íntimo —y siempre jubiloso— que vivimos cuando damos con las formas culturales y espirituales que mejor expresan lo más auténtico de nuestra alma y de nuestra sensibilidad. Y eso lo solemos experimentar sin necesidad alguna de convertirnos a otra religión. «Por muchos caminos lleva Dios a las almas» (*Moradas* VI, 7, 12), aseguraba santa Teresa a sus dirigidas para que estuvieran atentas a las diferencias espirituales propias de cada una de ellas. «A otras personas será por otra forma» (*Moradas* VII, 2,1), hago mías, una vez más, las palabras de la experimentada maestra espiritual. San Juan de la Cruz se mostró muy flexible a su vez en este extremo cuando propuso que Dios «lleva a cada una [de las almas] por diferentes caminos» (Ll3, 59, VO 902) y «a cada uno da [...] según su modo, porque Dios es como la fuente, de la cual cada uno coge como lleva el vaso» (*Subida* 21, 2, VO 445). Sé bien que he llevado un vaso «mudéjar», misteriosamente íntimo y ancestral para mí, para recoger algunas gotas de la fuente inimaginable de Dios. Y para poder expresar mejor su significado. Insisto en que no solo se trata de que Dios da a cada persona según su particular capacidad espiritual, sino que cada cual recibe y luego expresa su don de acuerdo a sus querencias expresivas más íntimas. De afinidades misteriosas de esta naturaleza es precisamente de las que brotan las imágenes literarias más sinceras y más auténticas.

Ya dejé dicho que el célebre místico murciano Ibn 'Arabi supo bien de estas correspondencias subliminales que registramos en el orden del espíritu. Aspiró a que su escritura, abierta y tornasolada, arrancara reflejos particulares en el alma de cada lector. Estos reflejos, como es de esperar, dependerían siempre de la propia configuración y desarrollo espiritual de cada cual. Admito que los escritos del *Sheyj al-Akbar* detonaron en mí reminiscencias secretas de tal magnitud que solo décadas después estaría preparada para comprender. (Cuando hice recitar los versos del *Tarjuman al-ashwaq* o *Intérprete de los deseos* en mi boda, oficiada por un jesuita de gran generosidad espiritual, ciertamente no asumía aún la hondura abismal de sus enseñanzas místicas: solo las intuía con fuerza, y pasarían aún muchos años antes de que las pudiese comprender a fondo. Aún estoy en ese proceso, pues el poeta murciano es un abismo sin fondo). Sé bien que esto les pasará a muchas personas con otros artistas o pensadores, pero en mi caso me ha sucedido de manera indefectible —cuasi revelatoria, podría decir— con los maestros sufíes y, en Occidente, con san Juan de la Cruz, que tanto tiempo de estudio gozoso me ha exigido. Esto nada tiene que ver con la ortodoxia religiosa, sino con la configuración artística y espiritual más decisiva de nuestro temperamento místico.

Me explicaba el maestro Seyyed Hossein Nasr que estas misteriosas afinidades, que nos convierten en aparentes tránsfugas a otras expresiones culturales religiosas, constituyen un fenómeno usual en la vida del alma. Nasr propone que no se trata tan solo de un temperamento estético y espiritual afín con otra cultura, sino de un vínculo sobrenatural que opera en niveles espirituales más altos. Algunos gravitamos hacia formas de expresión contemplativas propias de una cultura religiosa ajena, de la misma manera que un girasol gira buscando instintivamente la luz del sol, dondequiera que este se encuentre. Desde niña ese ha sido mi caso, ciertamente extremo porque a los dieciséis años comencé a aprender el árabe por mi cuenta, una lengua semítica que nunca había escuchado en mi vida. Desde muy pequeña había ido descubriendo de manera instintiva estas curiosas afinidades culturales que tardarían décadas en florecer, pero que sentía indefectiblemente auténticas, misteriosamente mías. De ahí que me hayan acompañado toda la vida, pues se trata de conexiones decisivas, insoslayables, que no se limitan tan solo a decidir un campo de estudio erudito, sino que colorean de manera irreversible nuestra propia vida espiritual. Esto ayuda a explicar la naturalidad con la que me vino a la intuición la imagen del espacio oriental de Medina al-Zahra', que me habría de servir de apoyo comunicativo para el éxtasis transformante. Como recuerda el Corán XXIV, 41: «Cada ser conoce el modo de oración y glorificación que le es propio».

Aquí vale la pena un *caveat*: sé bien que algunos estudiosos del fenómeno místico contrarios a la visión esencialista o «perenne» del mismo, hacen depender la expresión del éxtasis (y aun su propia tesitura) de las circunstancias culturales del sujeto que lo experimenta. Barbara Kurtz, incluso cuando acepta que las visiones que dieron pie a la literatura mística pudieran ser auténticas, advierte que «el lenguaje de los místicos no puede transcribir una experiencia sin interpretarla y mediatizarla, por más que el místico luche contra los límites del lenguaje humano». Es imposible, argumenta, expresar literariamente una experiencia pura sin alguna clase de mediación verbal. La experiencia teopática toma forma pues de elementos relacionados con las coordenadas culturales e históricas (y también con el temperamento y la constitución psicológica) que el místico lleva a la experiencia y que, ayudan incluso a dar forma a la experiencia misma. Los místicos usan, y no pueden evitar sino usar, como propone Stephen Katz, «los símbolos disponibles de su entorno cultural y religioso». Estoy de acuerdo en lo esencial de estos postulados, aunque considero que la cultura en la que ha nacido y se ha formado el místico no agota el misterio del don que tiene recibido. Tampoco explica exhaustivamente su manera particular de «articularlo». Escritores que han experimentado la vivencia del éxtasis como Borges son tránsfugas a otras culturas al momento de acuñarlas en la palabra escrita: ya se sabe de los heresiarcas, cabalistas, sufíes y budistas que pululan por sus obras a despecho de la cultura católica en la que nació el maestro argentino. Yo misma he gravitado, como va viendo el lector, hacia la espiritualidad islámica a la hora de expresar más a fondo mi propia vivencia mística.

Como adelanté, recibí a Dios como un torbellino de luz y de alegría, como un evento en avasallante revelación perpetua, como la urdimbre última del Amor que sustenta, unifica y explica el Universo. Jamás podré expresar adecuadamente ni un ápice de una vivencia tan alta. Sé bien que al escribir, no empece mi afinidad con ciertas expresiones artísticas orientales, asumo el riesgo de la banalización y de la racionalización empobrecedora, porque experimentar la presencia de Dios implica saborear secretos que no son para ser puestos en palabras. Por eso, antes de dar comienzo a esta escritura, necesariamente desvalida, quiero hacer mías las palabras del prólogo a la *Llama de amor viva* de san Juan de la Cruz: *como se lleve entendido que todo lo que se dijere es tanto menor de lo que allí hay, como es lo pintado de lo vivo, me atreveré a decir lo que supiere.*

II

EL RECIBIDOR CALIFAL DE MEDINA AL-ZAHRA' Y SUS SUGERENCIAS MÍSTICAS

1. ACERCA DE LA «CIUDAD FULGURANTE» CORDOBESA

He elegido, como ya sabe el lector, una imagen arquitectónica islámica para expresar de alguna manera mi vivencia sobrenatural del Uno. Se trata del recibidor que el califa 'Abd al-Rahman (o Abderramán) III mandó construir en la corte cordobesa de Medina al-Zahra', ciudad cuyo nombre podríamos traducir por «la ciudad brillantísima» o «la ciudad resplandeciente». Tal sería su belleza que incluso me atrevería a proponer el epíteto adicional de «la ciudad fulgurante». *Zahra'*, el diamantino adjetivo árabe que recibió la antigua «medina» o urbe omeya, asociado no solo a la iluminación, sino también a las flores y las estrellas, constituye ya de por sí una hermosa mandala, una señal de que tras el nombre nos aguarda una hermosura lumínica y ricamente poblada difícil de aprehender por la palabra. Importa que evoque brevemente el prodigio de Medina al-Zahra' y su palacio califal, para que el lector pueda entender por qué propongo que este antiguo espacio hispanoárabe de la época omeya me ha servido de símbolo místico.

Allá por el siglo XI, Ibn Zaydun, el enamorado de la princesa Wallada, celebró en verso la ciudad califal, suspirando por sus arriates floridos y sus fuentes plateadas. Wallada, tan buena poeta como su cantor, evocó a su vez las noches de amor vividas juntos en Medina al-Zahra', al amparo de sus jardines y al acecho de las estrellas que los espiaban celosas. Lloraron amargamente la destrucción de la capital cordobesa el pesimista Sumaysir y el gran Ibn Hazm de Córdoba, que contempla la ciudad ya arruinada y convertida, según sus palabras, en lúgubre asilo de los lobos y en juguete para la diversión de los genios. Hay que decir que donde mejor ha sobrevivido la ciudad perdida no es en la piedra, sino en la poesía.

No sabemos cómo sería exactamente este paraíso terrenal, cúspide del esplendor de Al-Ándalus, del que hoy quedan unas ruinas aún en proceso de excavación. Tampoco tenemos noticia fidedigna del aspecto que presentaría el recibidor real que el príncipe omeya Abderramán III mandó construir para asombrar a sus visitantes, y que habrá de ser central para mi propósito comunicativo. Advierto enseguida que no me interesa su historicidad, sino su inimaginable belleza dúctil. Algunos cronistas antiguos como Al-Makkari e Ibn Galib, e incluso poetas como el hispanohebreo Ibn Gabirol, no se ponen de acuerdo cuando intentan rescatar para la posteridad este espacio mágico en sus crónicas y en sus versos, que es donde único ha sobrevivido. Sí sabemos, sin embargo, que lo solían aludir, con pasmo maravillado, como el *majlis al-badi'*, es decir, el «salón maravilloso» o «peregrino».

Cumple que entremos al recibidor del califa cordobés, tal como nos es dado imaginarlo: no labrado en piedra, sino en el sueño de los poetas y en la nostalgia exaltada de los cronistas. Según la leyenda, la cúpula de brocado de estuco o piedra que coronaba la pieza, con sus hermosos prismas colgantes a manera de estalactitas arracimadas, era giratoria. El sol se filtraba paulatinamente a través de los entresijos labrados de los mocárabes, iluminando en lo alto de la bóveda las más variadas figuras geométricas. Los rayos solares, merced al movimiento giratorio de la cúpula, iban inflamando a su vez el alicatado de azulejos vivísimos que revestía las paredes y les arrancaba una infinita variedad de colores. La danza cromática del pabellón se renovaba con cada giro caleidoscópico de la cúpula, potenciando el resplandor opalino de la delicada taracea de ágata y jade de los arabescos —rosas geométricas, círculos, triángulos, polígonos estrellados— que repetía su hermosura inacabable con un ritmo circular perpetuo. Este recibidor dotado de luces en movimiento estaba sostenido por columnas resplandecientes de berilo claro y cristal de roca, que espejeaban a su vez la belleza en movimiento. Según avanzaba o declinaba el día, los colores cambiaban de intensidad y la luz iba dibujando nuevas formas y arrancando tonalidades inesperadas a los azulejos de las paredes.

Parecería que la temporalidad, reengendrándose sin cesar, estuviera detenida en un prodigioso instante de incandescencia policromada, en el que las piezas intercambiaban sus formas y sus colores en unas felicísimas nupcias de los contrarios. Por más prodigio, este cromatismo en movimiento regulado se reflejaba en la fuente del suelo, que, para estupor del visitante, no era de agua, sino de mercurio. Un tenue surtidor hacía ondular suavemente la alfaguara plateada, que se convertía en espejo irisado de la maravilla cromática movediza que reflejaba. A cada momento regulado desaparecían y reaparecían los colores y los diseños en una forma nueva e inusitada, convocando al conjunto policromado del *majlis* a una regocijada danza giratoria. Cuando el califa deseaba sorprender a sus invitados, se dice que mandaba agitar el mercurio, para que todo su *majlis* «peregrino» relampagueara con una luz cegadora. Todo era espejismo y asombro en el recibidor palaciego. Cuenta la leyenda que un día el rey cristiano del norte, Ordoño, visitó en embajada a Abderramán, y se desmayó ante el prodigio de un fenómeno arquitectónico que estaba muy lejos de poder comprender.

Me consta que el movimiento vertiginoso irradiando colores cambiantes de este recibidor perdido en el tiempo resulta difícil de imaginar, e imposible de ilustrar en la página escrita. Para facilitar al lector la evocación de este espacio prodigioso habré de recurrir a algunas imágenes arquitectónicas musulmanas que pudieran haber tenido alguna relación de parentesco, siquiera remota, con las claves estéticas del *majlis* cordobés. Ojalá resulten útiles a la hora de visualizar la maravilla de la que estoy hablando. Hago claro, una vez más, que no me interesa aquí la certeza histórica de este espacio —imposible de verificar— porque me voy a servir de su iridiscente hermosura tan solo para sugerir una experiencia interior: la vivencia dinámica e infinita que constituyó para mí el éxtasis místico.

Pido disculpas desde ahora por los ejemplos aleatorios que voy a ofrecer, y por los anacronismos en los que voy a incurrir al evocar un *majlis* del siglo XI con edificaciones mucho más tardías, como el palacio nazarí de la Alhambra o la mezquita Nasir al-Mulk de Shiraz. Lo que me importa es ilustrar al lector de manera más eficaz el símbolo místico del que me sirvo.

La legendaria cúpula giratoria del recibidor de Medina al-Zahra' guardaría cierta semejanza artística con la cúpula mocárabe de la Sala de las Dos Hermanas de la Alhambra que adjunto a continuación. Ofrezco varias representaciones pictóricas en sucesión para poner de relieve los colores cambiantes que las formas prismáticas colgantes de la bóveda van adquiriendo según la hora del día en que la miremos. Además de visualizar los cambios de tonalidad que dependen de la luz diurna que relumbra o de la noche que se acerca, pido al lector que asuma los sobretonos siempre renovados que toda esta belleza labrada de estalactitas adquiriría en el recibidor de Abderramán III según la portentosa cúpula iba girando merced a los mecanismos especiales que la tradición fabulada adjudicó a los arquitectos del califa. La escena parecería nacida de un sueño. Imaginemos pues la cúpula nazarí de la Sala de las Dos Hermanas girando sobre sí misma y multiplicando sus irradiaciones cromáticas en la totalidad de su entorno:

Cúpula de la Sala de las Dos Hermanas,
Alhambra, Granada

Cúpula de la Sala de las Dos Hermanas,
Alhambra, Granada

Cúpula de la Sala de las Dos Hermanas,
Alhambra, Granada

El juego de luces de apariencia cambiante es tradicional en los diseños arquitectónicos islámicos, y a las personas familiarizadas con este arte, tan proclive al *trompe-l'oeil*, no se les oculta que contamos con innumerables ejemplos que lo ilustran.

La Mezquita Nasir al-Mulk de Shiraz, construida en el siglo XIX y conocida como la Mezquita Rosada por las tonalidades rosáceas que predominan en su extraordinario juego de luces, deja perplejos a sus visitantes por el despliegue alucinante de colores que enfrentan al entrar. Dependiendo de la luz exterior, el riquísimo cromatismo deviene danza continua, tal como captan estas imágenes:

Mezquita Nasir al-Mulk, Shiraz, Irán

Mezquita Nasir al-Mulk, Shiraz, Irán

Advirtamos cómo los juegos de luz de la mezquita iraní se echan a bailar en un trampantojo inesperado.

La siguiente cúpula islámica que ilustro propone a su vez, y acaso con mayor delicadeza cromática que la vibrante Mezquita Rosada, juegos inacabables de luz y sombra. El espacio parecería girar delicadamente sobre sí mismo, evocando epifanías alternas que parecerían repetirse sin fin y que me evocan a su vez las misteriosas obumbraciones de luz y sombra de san Juan de la Cruz, gran experto en celosías místicas:

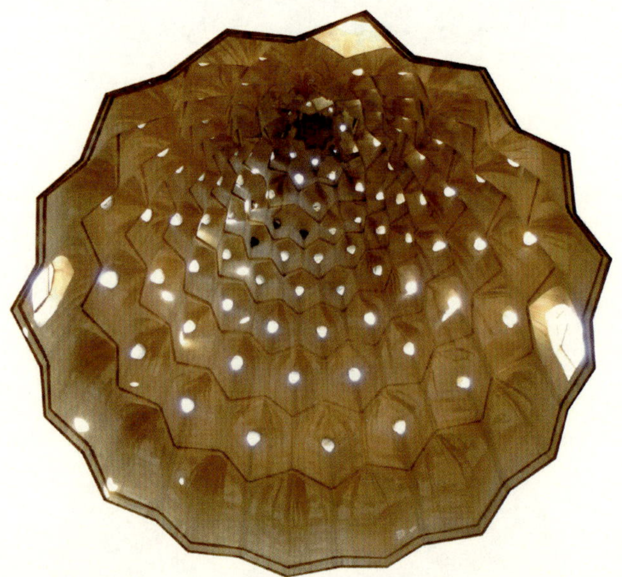

Bóveda del Mausoleo de Sitt Zubayda en Bagdad, Iraq (interior)

Quisiera dejar sugerido una vez más el prodigio de la danza perpetua de apariencia supratemporal del conjunto arquitectónico del *majlis* califal con la imagen luminosa de otra cúpula musulmana. Podemos apreciar cómo el centro de luz irradia hacia la compleja red de diseños multiformes de la bóveda, convocándolos centrífugamente a su seno lumínico:

Cúpula del antiguo bazar en Kashán, Irán

Este conjunto estructural, con su centro de Luz pura, me evoca la alfaguara de mercurio de Medina al-Zahra', que reflejaba el movimiento continuo de las formas y colores cambiantes sobre el azogue líquido de la fuente. Al contener la danza multicolor en su regazo plateado, el círculo de luz relampagueante la hacía una consigo. Habré de insistir en ese abrazo de luz unificante, porque importa para el símbolo místico que elaboraré en breve.

En un patrón parecido, pero de seguro aún más dinámico que el de estas cúpulas islámicas que he ilustrado, los rayos del sol que se colaban por los orificios de la cúpula giratoria legendaria de Abderramán III iban inflamando el alicatado de las paredes hasta arrancarles una y otra vez el tesoro escondido de sus diseños cromáticos. Las siguientes imágenes, que apuntan ahora al desvelamiento paulatino de la luz en las paredes, nos pueden dar una idea siquiera aproximada de los cambios de tonalidad que exhibirían los azulejos policromados según el pabellón cordobés giraba sobre sí mismo. Pido al lector una vez más que ponga los azulejos y su riquísima policromía en movimiento circular:

Azulejos del zócalo de la alcoba del Trono de la Alhambra, Granada

La azulejería que muestro a continuación, del interior de la mezquita del siglo XVII del Sheyj Lut-fullah de Isfahán, incluye listelos en caligrafía árabe, por lo que las grafías quedan a su vez encendidas paulatinamente para que el visitante pueda leerlas en claroscuro intermitente. El festivo baile de colores de la delicada celosía evoca una plegaria parpadeante:

Interior de la Mezquita del Sheyj Lut-fullah Isfahán, Irán

Al revisar las páginas que voy redactando guiada por la intuición libre, advierto que he ido disponiendo varias ilustraciones, en ilación sucesiva, para evocar la cúpula giratoria de Medina al-Zahra', capaz de encender en luz las paredes policromadas del recibidor palaciego hundido en la leyenda. Una imagen ha seguido a la otra, en una sucesión anhelante, a manera de cascada o de vueltas continuas propias de un caleidoscopio que gira sobre sí mismo. Se trata, en todos los casos, de una misma imagen fundamental, con leves variantes, como los azulejos formados por bandas entrelazadas rectas o angulosas dispuestas a modo de tema musical con variaciones. Estos adornos que ondulan sin fin revistiendo las paredes son tradicionales en el arte islámico. Advertida yo misma de mi curiosa pulsión repetitiva, me entero después, y no sin sorpresa, que en las decoraciones de lacería de los palacios o mezquitas musulmanas las composiciones están formadas usualmente por rosas geométricas entrelazadas, que no hallan jamás el centro porque se repiten continuamente. Con ello el artista quería simbolizar la unidad de Dios manifestada en la infinita multiplicidad de las formas. Para otros, las formas geométricas también evocan las distintas moradas que el alma atraviesa hasta alcanzar a Dios. En cada nueva estación espiritual permanente el místico carga lo aprendido en la anterior. Desconocía que la repetición simétrica de los azulejos guardaba estos y aun otros significados esotéricos, pero los hago míos desde ahora. Más adelante me centraré en las abundantes sugerencias místicas adicionales que tiene para mí el recibidor palatino andalusí.

Resulta imposible ilustrar, de otra parte, el efecto relampagueante que tendría la fuente de mercurio de Abderramán, con su sosegado surtidor: adjunto las próximas imágenes para dar una idea de cómo el agua ondulante, tan propia de los espacios arquitectónicos musulmanes, disuelve y transfigura las imágenes que refleja y las dota de una apariencia irreal. La alberca de la Alhambra funde el palacio con su reflejo en el agua, confundiendo al visitante:

Alberca del Partal, Alhambra, Granada.

La próxima imagen, del pincel mágico del artista granadino José Manuel Sánchez-Darro, emula dramáticamente el *trompe-l'œil* de las albercas y puertas orientales:

José Manuel Sánchez-Darro,
Espejo de la imaginación

Advierta el lector cómo el espejo de la fuente parecería apropiarse de la imagen que refleja, y contenerla gloriosamente en su abrazo de agua mientras desdibuja sus formas en delicado movimiento perpetuo.

Ya advertí, y lo recuerdo una vez más, que el prodigioso recibidor del califa Abderramán es de una historicidad dudosa, y que muchos expertos incluso descreen de su existencia, por lo que la imagen que he tratado de reconstruir aquí toma prestados datos de distintos historiadores y poetas. El célebre cantor hispanohebreo Ibn Gabirol asoció la cúpula giratoria con el palanquín de Salomón, y en sus versos la soñó incrustada de ópalos, zafiros y perlas. Para otros cronistas, sin embargo, el girar del pabellón era tan solo aparente, un súbito trampantojo causado por el relampagueo del mercurio en movimiento. La fuente de mercurio —para algunos, circular; para otros, alberca o gran estanque— sí parece haber sido histórica, dada la abundancia de mercurio que aseguran los historiadores había en la región cordobesa. Los surtidores que movían las aguas serían tenues, como los que antiguamente tendría la Alhambra, justamente para servir de equívoco espejo a la realidad sólida que diluían en sus superficies ondulantes. En todo caso, no hay que cuestionar demasiado la leyenda ni mucho menos exigirle anclaje histórico: ya dije que su historicidad importa poco para mis propósitos, pues tan solo me basta su imaginada belleza etérea en danza perpetua, porque es un signo que, como veremos enseguida, evoca en mí una Hermosura más alta.

Sí vale recordar que esta colosal pieza arquitectónica, a caballo entre la realidad y la fantasía literaria, está concebida dentro de una sensibilidad estética típicamente árabe, propensa a crear la ilusión del espejismo y del cambio. De ahí el uso reiterado en arquitectura del agua fluctuante y de la luz irisada, que tendía a disolver la materia sólida en filigranas frágiles, de aparente fluidez y de surrealidad fantástica. Las fuentes de agua —en Medina al-Zahra', de mercurio— también coadyubaban a producir un efecto mágico, pues eran espejos proteicos que producían intrigantes distorsiones que se reproducían sin fin, mecidas por las ondas. Imposible decir qué era sólido y qué era líquido en el *majlis* siempre cambiante de Abderramán III.

Es obvio que edificios como el palacio-fortaleza de la Alhambra, de construcción posterior, no estuvieron ajenos a esta estética del trampantojo: allí también todo fluía y daba la apariencia de ser evanescente e inaprehensible. Las casidas de Ibn Zamrak, disimuladas engañosamente en la hermosa caligrafía ondulatoria de las yeserías y los azulejos, develaban al visitante los secretos del palacio y le decían cómo debía interpretarlo:

Poema de Ibn Zamrak en la Alhambra, Granada

Gracias a la fusión inquietante de poesía y arquitectura, accedemos a los secretos de las bóvedas y las estancias, en cuyos orificios parecían esconderse constelaciones de estrellas, y a las cúpulas de estalactitas que semejan agua que se había congelado al caer merced a un hechizo de los genios. La Alhambra, como se sabe, es un libro de poemas; un palacio que gemina mágicamente la piedra con el verso. Se dice que Ibn Zamrak publicó su poesía en el libro más lujoso del mundo.

Por cierto que toda esta proclividad a la fluidez y a la ambigüedad guarda estrecho parentesco con la lengua árabe. Lengua semítica al fin, como el hebreo y el arameo, está constituida por raíces trilíteras que emparentan múltiples sentidos simultáneos. Arnold Steiger reflexiona sobre estas características lingüísticas tan ajenas a la mentalidad occidental:

> [...] En árabe, la solidez de la consonante es tal que en nada obscurece, tanto para el que habla como para los que lo escuchan, la

etimología de las palabras. Por ello, el vocablo evoca siempre en esta lengua toda la raíz de que procede, e incluso el sentimiento profundo de la raíz predomina sobre el significado del vocablo.

Una raíz árabe es, pues, como una lira de la que no se puede pulsar una cuerda sin que vibren todas las demás. Y cada palabra, además de su propia resonancia, despierta los secretos armónicos de los conceptos emparentados.

Habré de volver a referirme con más espacio a la fluida volubilidad de las raíces trilíteras árabes en el curso de estas páginas, porque tiene que ver con la propensión al cambio perpetuo, tan propia de la estética islámica y, sobre todo, tan propia de su particular expresión de la experiencia mística. Pero, por lo pronto, cabe recordar la fruición de los árabes para con la fluidez constante de la antigua alquimia, con su transmutación de los metales, símbolo de la volatilización del alma, y en el correrse de las virtudes de los astros a las vidas de las personas, tal como determinaba la antigua astrología, que también hizo célebres a los hijos de Agar. De todo ello se hace eco la fluidez de los dibujos del arabesco, siempre reiterados y abiertos en revelación constante, como las cúpulas tornasoladas de Isfahán, que cambian de color según la luz del día. O como el Taj Mahal, de opalescencia rosada al alba y de un indescriptible brillo perlado a la luz de la luna.

Confieso que estos fenómenos de movimiento mágico y de cambio perpetuo siempre me impresionaron hondamente: cuando niña me embelesaba jugando con un caleidoscopio que renovaba sin fin sus diseños geométricos policromados. También me deslumbraba el mercurio líquido de los termómetros rotos, plata mágica con la que intentaba esculpir figuras en vano, ajena al peligro que corría. Uno de los regalos que más agradecí a los Reyes Magos fue el volumen de las *Mil y una noches*: mi alma infantil, es hoy que lo comprendo, respondía de una manera misteriosamente cómplice al espejeo circular inagotable de los relatos henchidos de fantasía con los que Scheherezade salvaba su vida cada noche.

Por todo lo que voy confesando, no es de extrañar que el *recibidor peregrino* de Abderramán III me hechizara desde el primer momento en que tuve noticia de su leyenda. La extraña taracea policromada de luz giratoria tocó siempre fibras muy íntimas de mi ser, hasta que, como dije, entendí que su alucinante belleza estaba detonando el recuerdo de la experiencia sobrenatural aureolada de portento que había experimentado en otro plano de conciencia. En ese momento también me hice cargo de que la pieza arquitectónica califal, que renovaba su belleza luminosa en giros perpetuos, estaba dotada de una gran expresividad simbólica. Me habría de ser pues de gran utilidad plástica para comunicar algo de la tesitura inaprehensible de la experiencia mística, que experimenté como una danza revelatoria de amor y de luz, renovada a cada instante, si es que puedo osar medir el tiempo de una vividura que trascendió el discurrir de las horas.

2. LA FUENTE DE MERCURIO DE MEDINA AL-ZAHRA' COMO MANDALA DE LA CÚSPIDE DEL ÉXTASIS

Yo lo sé esto muy bien por experiencia
(Santa Teresa de Jesús,
Camino de perfección XXXIX, 23,5)

No soy la primera en atribuir un posible significado espiritual al recibidor peregrino de Abderramán III. Algunos de sus elementos constitutivos parecerían calcar aspectos centrales de la descripción coránica del Paraíso: recordemos las ocho puertas que algunos cronistas aseguran tuvo el *majlis* —las del Paraíso también son ocho— así como sus legendarios tejados de oro y plata y el fulgor de luz de su fuente de mercurio. Según el Corán, a su llegada al Paraíso Dios le dará al bienaventurado la capacidad de resistir la súbita luz relampagueante (*barq*) que le espera cuando entre en los pabellones celestiales, edificados sobre amalgamas de perlas de distintos colores. A la luz de algunas versiones que han llegado hasta nosotros, es posible que el *majlis* califal tuviera pues un sentido alegórico buscado: nada menos que imitar el Paraíso celeste en tierra cordobesa.

No iré, sin embargo, por ese camino. Asigno al centelleante recibidor califal en constante giro caleidoscópico una tarea aún más compleja, de cuyos extremos ya he adelantado algo: la de servirme como símbolo del *locus* teofánico del éxtasis, donde Dios manifiesta al alma la perpetua itinerancia de sus epifanías infinitas. Así precisamente, como ya dejé dicho, fue que viví el encuentro con la Divinidad.

Como habremos de ir viendo en las siguientes páginas, el recibidor califal me habrá de servir de mandala en la que confluyen, gloriosamente redimidos, los opuestos. En sánscrito, ya se sabe, *mandala* significa «círculo», y el conjunto arquitectónico cordobés dibuja una inesperada circularidad armonizante de los contrarios: la cúpula giratoria está arriba, la fuente que la refleja y la torna luminosa está abajo, y juntas forman un todo donde los espacios se anulan en felicísimas nupcias. No en balde Jung pensó que la mandala apuntaba siempre a la totalidad del ser armonizado consigo mismo. Conviene, de otra parte, representar este connubio celeste con la luz pura, ajena a toda imagen, pero a la vez contenedora de todas: la fuente relampagueante de mercurio plateado, central en el imaginario arquitectónico del *majlis* de Abderramán, hacía suyos todos los colores danzantes de la cúpula, de las columnas y de las paredes de azulejos. *Semplice luce*: la luz, ya se sabe, es símbolo inmemorial de Dios.

No desespere el lector: sé bien que intento dilucidar una experiencia de una complejidad inmisericorde. Por ello mismo, a lo largo de estas páginas volveré a referirme una y otra vez a la tesitura del éxtasis místico y a explicitar paulatinamente mi intento de simbolizarlo sirviéndome de la imagen del recibidor palatino andalusí. La escritura irá pues por entregas o reiteraciones sucesivas, a manera de una salmodia: algo así como las mantras del rosario cristiano o del *tasbih* de los musulmanes. Acaso ello ayude a conllevar al lector lo que fue una experiencia infinita que por su propia tesitura me es preciso compartir por oleadas, a manera de sístole y diástole, bien que la viviera al margen del tiempo. Sospecho que mi propia escritura acompasada ya de por sí revela algo de la particular modalidad dinámica de aquel acontecer sobrenatural de revelaciones infinitas que es, de suyo, intransferible. Asumo pues el riesgo de sonar reiterativa, pero prefiero dejar que la experiencia se vaya revelando al lector paulatinamente, como una flor que abre sus colores al mundo con la pausada delicadeza propia de las cosas bellas.

Es que, en el fondo, todo texto místico encubre de por sí una red de significados que se abren continuamente, interactuando con cada lector de una manera distinta. Es a manera de un juego de espejos que saca a la superficie las experiencias espirituales intransferibles de cada cual. Una puerta se abre de súbito —recordemos el sentido gnóstico que esta «apertura» o *futuh* tiene en Ibn 'Arabi— y permite que el lector acceda mejor a su propia experiencia espiritual, profunda y única. Le suscita pues intuiciones constantemente renovadas, que se siguen abriendo una y otra vez, a manera de un caleidoscopio que girase lentamente sobre sí mismo, o al estilo de las formas cromáticas que emergían sin cesar de la fuente de plata del recibidor cordobés. Ya ve el lector que, curiosamente, el proceso ondulante de mi propia escritura mística remeda la mismísima imagen andalusí elegida, que celebra la reiteración continua de una estremecedora experiencia estética.

Importa pues que regresemos al recibidor del califa Abderramán III en Medina al-Zahra' y nos inclinemos sobre su fuente de *semblantes plateados*. La alfaguara palpita y refulge según va reflejando en su recipiente de luz el alicatado multicolor de los azulejos de las paredes, que entran en danza a medida que la cúpula de brocado de estuco o de piedra labrada filtra los rayos del sol mientras gira sobre sí misma. Desfilan ante nuestros ojos los arabescos encendidos —rombos, triángulos, círculos y volutas— que van cambiando de color y aun de forma según se hunden en la fuente. El surtidor disuelve dulcemente las figuras geométricas y las gemas opalinas sobre la superficie de plata. Difícil distinguir una forma de la otra en el relámpago de luz del venero: todas atraviesan cambios constantes y no sabemos si van o vienen cuando se hermanan en las ondas refulgentes. Todo confluye en Luz y se homologa en el círculo prístino de la fuente de mercurio: los colores y las formas en movimiento, incluso las perspectivas y las distancias. Parecería que se anula el tiempo, porque gira en círculos; que se volatiliza el espacio, porque cambia de tesitura una y otra vez. Lo variopinto y múltiple confluyen en Unidad, ya a salvo en el abrazo de la fuente de mercurio que lo contiene todo. Esta fuente de luz, grávida de las formas policromadas siempre cambiantes que abraza en su seno centrípeto, representa para mí la sede inimaginable de la gnosis mística. El *locus* centelleante que acuna la unión con el Amor indecible.

En la unión transformante, la Fuente última de Luz que es Dios funde lo múltiple en Su suprema Unidad. Todas las distintas noticias y las revelaciones infinitas que recibe el alma, catapultada más allá del espacio-tiempo, se homologan en lo hondo de Su esencia, así como sucede también con la multiplicidad de lo creado e incluso con toda la turbamulta de nuestras propias pasiones humanas. Todo se diluye dulce, totalmente en Su Luz. No hay alegría semejante a la de anegarse en este Abrazo incandescente, eje sagrado que reconcilia cielos y tierra y que alecciona nuestra alma en los secretos recónditos del Eterno.

Trato de evocar el dinamismo que le es intrínseco a la experiencia teopática con la fuente danzante en abrazo con sus colores reflejados, aunque sé bien que ni la palabra sucesiva ni la imagen gráfica, siempre estática, se prestan realmente a dar cuenta de una experiencia ocurrida en el *no-lugar* del encuentro divino y regocijada por una actividad inexpresable. En el éxtasis lo variopinto de las revelaciones inacabables de la Esencia confluyen en la Unidad esencial de Dios, que a Su vez redime y sustenta el mundo creado en Su Amor.

Tendríamos que concebir simbólicamente que toda la miríada maravillosa de las epifanías revelatorias de Dios se coloca dentro del círculo de luz de la fuente, pero sin alterar su pureza esencial, su resplandor inmarcesible. Como si dijera: la alfaguara de mercurio, plateada y pura y centrante, *a la vez* contiene la miríada de imágenes variopintas de los azulejos en danza en sus ondas luminosas. Caigo en el dislate cuando intento celebrar la alquimia imposible de una experiencia en la cual el alma se funde con el Uno, pero quedando el Uno siempre incólume en Su propio Ser. Una cosa es la criatura y otra el Creador. En esta, la más alta y luminosa de todas las moradas místicas, Ibn 'Arabi siente que Dios le susurra: «Tú eres el receptáculo (*anta al-ina'*) y Yo soy Yo (*wa ana ana*)». Es en este Todo unificador en el que se nos revelan no solo las epifanías divinales, sino el Universo *sub specie aeternitatis*. Sé que hablo de vivencias inimaginables: pero también sé bien que todo confluye en un Amor Único y sin fisuras.

Acaso los medios cinematográficos o cibernéticos contemporáneos apuntarían con menos desvalimiento al misterio dinámico del centro del alma en nupcias con el Todo. ¿Qué digo? Nada en este plano de conciencia es capaz de sugerir con acierto el milagro transformante del éxtasis. Y sé que lo voy intentando revelar con el lenguaje, tan incapaz como cualquier otro instrumento para conllevar estos trances que, al ser tan altos, invalidan de inmediato cualquier artilugio del que nos queramos servir para intentar una comunicación que es del todo imposible.

Este abrazo nupcial y ultramundano que contuvo las revelaciones indiferenciadas de Dios en aquel instante a salvo del tiempo es infinito y, por lo tanto, realmente no tiene forma ni circunferencia posible. Me hermano con las palabras alucinadas de Borges: el espacio místico es a manera de «un círculo cuya circunferencia está en todas partes y su centro en ninguna...». Dijo más el maestro, verdadero conocedor de la simbología espiritual de estas vivencias sobrenaturales en las que se vive un conocimiento interminable, pero no sucesivo. En «La biblioteca de Babel» se hace eco de los contemplativos que proponen, con su usual desamparo, «que el éxtasis les revela una cámara circular con un gran libro de lomo continuo, que da toda la vuelta de las paredes [...] ese libro cíclico de Dios». Borges alude con razón a su *desesperación de escritor*: a todos nos es radicalmente imposible sugerir la simultaneidad avasallante de la vivencia mística, pues escribimos cuando ya hemos sido devueltos a la prisión del tiempo sucesivo.

Advierto al lector —y de paso me excuso con él— que no voy diciendo a Dios, sino sugiriendo con desaliento cómo viví el proceso de la unión transformante sumida en Su abrazo infinito. El místico recae de manera involuntaria en el lenguaje apofático —*apo-phasis*— que no es otra cosa que el intento afásico de sugerir lo impronunciable por la vía negativa. La propia crisis escrituraria que atravieso en estos momentos testimonia por sí sola la magnitud de lo sucedido. Mis palabras y mis imágenes jamás traducirán la experiencia, pero sí puedo asegurar, ya lo dije antes, que la experiencia las detonó. Más que traducir a Dios —aventura del todo imposible— lo que represento es tan solo cómo me sentí y cómo puedo insinuar, ya devuelta a esta orilla, Su Revelación íntima, Su beso sin intermediarios posibles.

Toda mandala, como esta de la fuente mercurial de Abderramán III, apunta al Misterio, sin enunciarlo jamás. Admito, eso sí, que aun desde este plano limitado de conciencia, las imágenes del recibidor palaciego cordobés me consuelan porque evocan para mí algo del aroma imposible de lo vivido.

Como habrá advertido el lector, la unión mística de la que voy dando noticia constituye un proceso dinámico en más de un sentido. A riesgo de repetirme, vuelvo a intentar comunicar en palabras algo de aquella conflagración gozosa de mil mares inacabables de luz que fue mi encuentro con Dios. En primer lugar, el alma queda transformada en la Esencia divina por unión participativa, y esa alquimia sagrada implica que el alma, aleccionada en la sabiduría sin término de Dios, ya se ha asimilado, durante ese instante sagrado, a la Belleza divina, borrando las huellas de sus propias sombras, dudas, miedos y mezquindades propias de este plano de conciencia limitado. En segundo lugar, Dios reconcilia con su abrazo redentor la multiplicidad equívoca del mundo, con toda su tristeza y todo su enigma, convirtiendo así el alma en unión transformante en una bisagra donde confluyen la creación con su Creador. Por último —*last but not least*— Dios se le manifiesta al alma no como una visión estática y rígida, ni mucho menos con imágenes concretas o a través de ideas racionales, sino como un torbellino de alegría en el que le va manifestando el espiral tumultuoso de Sus epifanías más recónditas. El alma las comprende todas simultáneamente, porque en ese sagrado *allí*, insisto, el tiempo no existe. Ilustro —bien que desde esta ladera— ese abrazo unificador que Dios da al alma con la legendaria fuente de mercurio, que refleja —y celebra gozosa— la hermosura policromada del recibidor; vale decir, la Hermosura infinitamente dinámica de los Misterios de Dios, que lo reconcilia todo. En el instante supremo del éxtasis, el alma, insisto, es parte misma del Misterio que contempla. Dios la inviste de Su infinita belleza para que pueda atestiguar en ella misma Su propia hermosura; para que vea las cosas como Él las ve, con visión esférica totalizadora. Dios logra tal prodigio en el alma avasallada de manera gratuita e inesperada. De nuevo Ibn 'Arabi: «Cuando aparece Mi Amado, ¿con qué ojo he de mirarle? — Con el suyo, no con el mío, porque nadie Le ve sino Él mismo». En este instante sagrado ajeno al tiempo, nuestros ojos terrenales se han cerrado, pues nunca han sido capaces de la visión infinita. Ahora solo mira *el ojo del alma*, espejo del Todo.

Por eso tantos místicos, desde Rusbroquio, san Juan y santa Teresa de Jesús hasta sus hermanos, los sufíes del Medioevo, comparan el centro último del alma con un simbólico espejo sagrado. Simbolicé ese espejo refulgente, capaz de reflejar el infinito, con la fuente mercurial del *majlis* de Medina al-Zahra', justamente porque se trata de un círculo no solo espejeante sino, sobre todo, dotado de movimiento. Más que un espejo pulido, conviene que sea un espejo dinámico, que cambia a cada instante. Estamos pues ante un azogue sagrado que no cesa, sin tiempo ni lugar, que, pese a las transmutaciones constantes de su dinamismo intrínseco, parecería mantenerse en un eterno ahora. Este espejo luminoso no tiene determinado color, porque solo así puede reflejar el simbólico cromatismo cambiante de las epifanías divinas que recibe en la vivencia sin tiempo del éxtasis. De ahí que pueda amoldarse a las revelaciones continuas —me corrijo, simultáneas— que Dios manifiesta en ella. El ego ha muerto misericordiosamente, somos puro ser en Dios.

Mi simbólica fuente de mercurio es pues a manera de un contenedor místico que refleja en sus ondas el fuego del alicatado multicolor de las epifanías divinas en movimiento tremolante. Agua encendida y llamas de fuego en extrañas nupcias: la imagen fundidora de contrarios nos conmina al asombro. De manera instintiva emulé los despliegues incesantes de las manifestaciones divinas supratemporales con mis simbólicos rombos, rectángulos y azulejos danzantes, cada uno de una forma y color diferente, que se disolvían en la fuente andalusí. Al sumirse en el contenedor plateado, se echaban a bailar incesantemente gracias a las ondas continuas que el surtidor de la fuente suscitaba. Por más, las figuras policromadas quedaban mágicamente metamorfoseadas, ya que se revestían de una nueva luminosidad refulgente al contacto del mercurio. La vivencia mística trata precisamente de eso: de transformar nuestra identidad y de unificarla en una luz nueva. Sé bien que cualquier intento de traducir este evento divinal suena a dislate alucinado, a embriaguez verbal. Pero no hay manera de evitarlo: hablar de la unión mística no es hablar de teología, y por eso mismo se comunica mejor en verso que en prosa, o se sugiere en imágenes imposibles reflejadas en superficies acuosas que de súbito las hacen brillar, investidas con una nueva luz.

Importa que insista en que las ondas de la fuente de mercurio, movidas por el surtidor, no privilegian ninguna de las formas multicolores que abrazan en su regazo espejeante, sino que las contiene todas, celebrando gozosamente su movimiento continuo sin intentar detenerlo nunca. Otro tanto ocurre en el éxtasis: el alma puede acoger simultáneamente todas las epifanías cambiantes e infinitas que la Divinidad refleja en ella, sin privilegiar una sobre la otra, porque eso sería reducir a Dios y solidificarlo en una sola de sus manifestaciones sobrenaturales. Y Dios las contiene todas, y aun las sobrepasa todas. Recordemos que intento (inútilmente, lo sé) describir un instante al margen del tiempo: en aquel inimaginable *allí* nada es sucesivo, sino inmediato, ya que no está sujeto al devenir temporal al que estamos acostumbrados en este plano de conciencia. Por eso he intentado conllevar algo de este conocimiento divinal inmediato, infuso y dinámico con el recibidor califal en movimiento incesante: su danza cromática parecería remedar el prodigio de un tiempo que ha cesado, la gloria de un conocimiento infinito *in divinis*.

Cuando las puertas de la revelación se abren y se precipita el espejamiento de lo Real, la razón se subordina de inmediato al proceso gnóstico fruitivo, que es estrictamente experiencial. El evento místico —insisto— jamás podría ser experimentado por la razón ni por los sentidos. Ni dibujado en imagen ni articulado en palabra. Pese a que he falseado —quizá, desacralizado— la experiencia mística nupcial al hundirla en el estrecho lenguaje humano y al trazarla en imágenes geométricas multicolores, mi intento no ha sido otro que compartir con el lector de estas páginas algo de la alegría impertérrita de lo vivido. Confío en que la mandala del *majlis* cordobés de Abderramán, pese a que es, como cualquier símbolo místico, incapaz de traducir la experiencia, contribuya al menos a activar las intuiciones más profundas de quien me vaya leyendo y que de alguna manera lo ayude a vislumbrar que existe un nivel de conocimiento más allá de la servidumbre de la limitada razón humana, que se resquebraja por completo en la cúspide del éxtasis.

Desde antiguo, los místicos, huérfanos de expresión adecuada para comunicar su vivencia, han recurrido a imágenes cromáticas para intentar balbucir algo de su encuentro ultramundano. Hijos de este deleite para con el cromatismo opalino que unifica y que a la vez echa a danzar los colores más diversos son los siete castillos concéntricos de sufíes como el místico del siglo IX Abu l-Hasan al-Nuri: estaban revestidos de colores y constituidos de materiales distintos, pero todos culminaban en un castillo último de corindón. El corindón, o alúmina cristalizada (*yaqut* en el árabe original) puede asumir a su vez distintos colores, desde el encendido rubí al celestial zafiro, incluyendo incluso la transparencia cristalina. De cristal o diamante eran, ya se sabe, los siete castillos luminosos de Teresa, cuya iridiscencia sobrenatural preludiaron las medinas concéntricas de luz pura de Tirmidi al-Hakim en el siglo XIV. Estos colores emblemáticos, que en su cambiante diversidad terminan alquímicamente unificados, se obliteran a sí mismos para celebrar la Unidad suprema de Dios: la Luz inimaginable, ya a salvo de toda forma o color. Atestiguamos en esta alta morada espiritual la «Teofanía de la luz blanca» del Trono de Dios, el luminosísimo no-color del pabellón transparente del Ser. Santa Teresa insiste en ello cuando homologa la vivencia dinámica de Dios precisamente con «un muy claro diamante muy mayor que todo el mundo, u espejo, [...] salvo que es por tan más subida manera que yo no lo sabré esclarecer; y que todo lo que hacemos se ve en este diamante, siendo de manera que él encierra todo en sí, porque no hay nada que salga de su grandeza» (*Libro de su vida* XL, 10). Todo lo homologa y lo contiene Dios, a salvo ya en su infinito Amor.

Por cierto que en árabe, la voz «color» (*l-w-n*) constituye una raíz trilítera asociada no solo al cromatismo, sino a lo multicolor, a lo diamantino, opalino, iridiscente, oscilante y mutable. Recuerdo una vez más al lector que los colores y las formas geométricas que vimos oscilando alborozadamente en la fuente simbólica del *majlis* de Abderramán no desfilaban realmente de manera sucesiva —la unión mística es un evento visionario sin tiempo— sino que giraban a manera de caleidoscopio embriagado de formas infinitas, remedando un tiempo detenido y un espacio anegado en Unidad. El alma en éxtasis no se epifaniza nunca en un único color, sino que oscila danzando perpetuamente en todos ellos. El éxtasis transformante tiene más de arabesco que de senda. Cuando nos abraza Dios ya no hay peregrinaje: hay instante.

Estamos ante una danza cósmica revestida de simbólicos colores sagrados, de revelaciones divinas innombrables, siempre renovadas y siempre abrazadas en Unicidad. La fuente irisada de Medina al-Zahra' forma un Todo indisoluble con la dúctil belleza sin par de las paredes y de la cúpula, que gira sobre sí misma con precisión caleidoscópica siempre renovada. En esta hora bendita de la unión extática Dios le susurra al alma Sus revelaciones incesantes, y Sus secretos infinitos constituyen un inimaginable holograma espiritual, que entreteje de manera simultánea significados abismalmente profundos. No otra cosa era la «baraúnda» inherente a la vivencia atorbellinada de Dios, a la que apuntaba santa Teresa con su estilo candoroso y espontáneo. Entiendo bien lo que quiso decir.

Y lo digo porque en mi propio caso me fue dado comprender no solo las infinitas noticias de Dios vertidas sobre mi alma iluminada y devenida infinita; sino también, ya lo adelanté, entendí la intrincada red de hilos de plata —por fuerza sigo hablando en metáforas— que me unía a todos los seres, muy en especial a aquellos frente a los que me ocurrió la experiencia transformante. Sumidos en el seno de Dios es que podemos asumir al fin que la creación entera tiene sentido y está sostenida en Su Amor. Es como si el alma viera por vez primera, con una mirada súbitamente devenida divinal, la intrincada urdimbre que sostiene todo el entramado de las cosas, acontecimientos y seres. Y entendiera, en un golpe de vista trepidante, que nos sostiene un abrazo de Amor *que toca de un fin hasta otro fin*.

Allí también atestigüé de manera inmediata, como he ido sugiriendo, los atributos infinitos de Dios: Su inmanencia, misericordia, luz, armonía suprema, belleza, júbilo... Sobre todo Su Amor, siempre Su Amor. No hay manera de referirme a esta vivencia inimaginable: decía con razón Maimónides en su *Guía de los extraviados* que el que se atreve a afirmar los atributos de Dios inconscientemente pierde su fe en él. Estas aleccionadoras epifanías divinas, continuamente renovadas, confluyen y coexisten a salvo del espacio-tiempo, y nos dejan saber que todo en el universo está interpenetrado por el amor último de Dios.

Las noticias de Dios son, también podría decir, a manera de celosía sutil, donde la simbólica panoplia de colores y de formas emblemáticas, es decir, de noticias trascendentes, se alternan, entretejiendo un arabesco sublime mientras velan y des-velan el Tesoro escondido de Dios, fuente de Luz más allá de toda imagen. El evento sobrenatural también me sugiere el símil de una malla de claroscuros en la que pareceríamos movernos de la oscuridad hacia la Luz, como si en el proceso del *fana'* o aniquilación del ego la sombra adviniera al fin a la incandescencia. Por su inmensa complejidad evocadora, esta fluctuación interior vivida en la cúspide del éxtasis me lleva también a recordar las misteriosas *obumbraciones* de san Juan de la Cruz, término que el poeta traduce, como observa Eulogio Pacho, del *obumbravit* de la Vulgata. El Reformador interpreta el hacimiento constante —y contrastante— de luz y sombra como el «amparo» que Dios da al alma durante la unión sobrenatural. Los resplandores de las lámparas de fuego implican, dice, un «hacimiento de sombra» al alma; pero esta sombra no es nociva, ya que el santo la entiende como la protección de la Luz divina sobre el hondón de nuestro ser. Está siguiendo de cerca a san Lucas, que explica que «hacer sombra es tanto como amparar [...], porque llegando a tocar la sombra es señal que la persona [...] está cerca para favorecer y amparar» (*Llama* III, 12). Como a la Virgen, aquí «la virtud del Altísimo le hace sombra» al alma. Pero no solo se trata de un amparo abisal que Dios le otorga al alma que está unida a Él; es que, gracias precisamente a ese amparo, el alma participa de los desvelamientos que la Divinidad hace en su hondón último. Sé bien que no hay símil exacto para estos acaecimientos indecibles que el alma *deiforme* atraviesa, pero las alternancias de luz y sombra me evocan de alguna manera la inmensa complejidad dinámica de lo vivido durante el proceso de la transformación en Dios. Me atrevo a decir que Dios, Su criatura y Su creación danzan, al fin al unísono, en ese instante sin par del éxtasis...

Por eso ilustro este supremo Misterio ontológico con una celosía oriental, entretejida en sugerente claroscuro por José Manuel Sánchez-Darro:

José Manuel Sánchez-Darro, *Ventana iluminada*

He aquí la misma idea del desvelamiento de luz y sombra en la delicada versión de Ana Crespo:

Ana Crespo, *La visión de la Amada en su develamiento*

Siempre me ha impresionado el misterio de las celosías porque, para mí, sus claroscuros apuntan a los misterios trascendidos que atestigüé en toda su deslumbrante belleza, pero que no puedo articular. Pero ahora, en el momento preciso de servirme de las celosías de estos grandes artistas españoles, he caído en cuenta que ya de adolescente quise envolverme, acaso de manera premonitoria, en las *obumbraciones* de las lámparas colgantes con las que decoré mi primer espacio orientalizado. Aún las tengo y aún sigo experimentado la misma perplejidad gozosa de antaño ante sus luces cambiantes:

Lámparas colgantes (Luce López-Baralt)

Queda admitido que hay pasajes literarios, símiles místicos y aun simples espacios evocadores de misterios ocultos que solo he podido comprender a fondo después de experimentar el éxtasis transformante. Aunque en este supremo instante epifánico ya Dios ha recorrido los setenta mil velos que cubrían Su rostro a nuestros ojos terrenales, la profusión de Sus altísimas noticias sí puede ser comparable a una celosía sagrada que va develando un misterio sobrenatural tras otro, un evento alquímico unitivo tras otro. Me corrijo una vez más: no uno tras otro, sino todos a la vez: la percepción en el fondo es indiferenciada, resuelta en Unidad pura. No es posible concebir un consuelo más alto que este, no empece mi extrema dificultad comunicativa, que me impide atestiguarlo adecuadamente. Es ahora que se me vienen a la mente las «inconcebibles analogías» de «El Aleph» de Borges, que en aquel «instante gigantesco» súbitamente se me hicieron realidad: es que todo lo que lo percibimos *allí* se encuentra, en efecto, «en un mismo punto, sin superposición y sin transparencia».

Intento esclarecer lo dicho una vez más. Todo el movimiento de las manifestaciones divinas en delicadísimo bullicio sagrado confluyen en una Luz única, en un contenedor supremo y espejeante que las abraza todas, de la misma manera que la fuente de mercurio, espacio simbólico del éxtasis transformante, reflejaba los patrones cambiantes de la danza cromática del recibidor giratorio de Abderramán, y los contenía —y obnubilaba— en el círculo luminoso de su azogue. El ápice del alma, que se sume en un proceso de transformación continua, hace suyos todos los simbólicos colores y formas que Dios le manifiesta sobrenaturalmente: los abraza todos, sin excluir ninguno y sin atarse a ninguno en especial. Se convierte, en efecto, y para seguir las pistas de Borges, en una «esfera tornasolada» que parecería «giratoria», dada su infinita capacidad contenedora. Asistimos a la aventura gozosa de diluirnos en Luz pura, ya a salvo de color. En ese instante sagrado estamos —mejor, somos— literalmente iluminados: *ishraqiyyun* o alumbrados decían los sufíes. Y llevaban razón.

En el seno último de Dios el alma deviene una plegaria circular danzante. Constituida en un arabesco giratorio de luces, escucha al fin la música secreta de las esferas, comprende la armonía sincopada del ritmo último del universo. Ronda vertiginosa, danza beoda, unidad esencial: saboreamos la Esencia divina como movimiento puro, como fiesta embriagada y suavísimamente tumultuosa.

Al alma en éxtasis le sobreviene en este instante en cúspide una alegría infinita: *dilatasti cor meum* [dilataste mi corazón], como diría el salmista (Sal 118, 32). San Juan llamó a este júbilo espiritual la «dilatación del corazón» mientras que su hija espiritual Teresa lo denominó como «ensanchamiento interior» y «anchura». Es el *bast* de los sufíes, que siglos antes que los Reformadores habían celebrado el ensanchamiento infinito de sus corazones extáticos. Bien sabían estos místicos embriagados lo que afirmaban, pues en esta divina unión somos una felicísima taracea de Luz abierta al infinito. Me hago eco de todos ellos:

> Al hacerme tuya
> me inscribiste en tu delicada geometría de luz,
> cincelaste estrellas con diamantes,
> alternaste las perlas con la espuma,
> el nácar con el rocío,
> la escarcha con los jazmines
>
> hasta que resplandecí
> como el sol
> refractado en los mil cristales
> de un mar en calma,
> o como la luna
> cuando arranca luceros
> a un campo nevado.
>
> Heme aquí,
> tu gozosa taracea de luz:
>
> Tu espejo.

El místico ha quedado aleccionado para siempre en los Misterios últimos de Dios. No hay alegría más alta que constituir parte del Misterio mismo que vamos conociendo.

Aunque ya he sugerido que la vivencia de Dios corresponde simbólicamente a la fuente de mercurio que contiene todas Sus epifanías variopintas, quiero insistir una vez más que en la unión participante nuestra alma es *a su vez* esta misma fuente de mercurio que refleja la fiesta divinal en todo su esplendor. Según atestigua las epifanías divinas, el alma va metamorfoseándose con ellas, adaptándose dúctilmente a sus vertiginosas noticias sobrenaturales de manera que pueda recibir la sabiduría sin límites que el Uno irradia de continuo en el hondón del ser. Y comprendiendo a la vez que en unión transformante somos la bisagra que une cielos y tierra, porque advertimos que el universo y aun nuestro propio ser adquiere sentido al fin en el amor de Dios. Somos *centro en aquel instante de tanto alrededor*, como dijo Jorge Guillén en una décima emocionada. Hemos accedido al fin a la auténtica sabiduría —la *ma'rifa* de los sufíes— que es la capacidad de conocer en continua transformación (*transformative knowledge*, la llama Michael Sells). Aquí uno conoce en perpetua transformación, y se transforma a sí mismo según conoce. En un instante al blanco vivo quedé convertida en un torbellino de felicidad sapiencial inimaginable. Sumida en este abrazo abisal de Dios, que me incendió en Luz viva, fui atestiguando las epifanías con las que me regalaba y en las que me transformaba. Jamás podré olvidar aquel abrazo infinito de bienvenida a casa:

El diamante irisado de mi alma
refractó hasta el último de Tus secretos.

No sé cómo he vivido para contarlo.

III

«NO DIRÉ NADA QUE NO HAYA EXPERIMENTADO MUCHO»

(Santa Teresa, *Vida* XVIII, 7)

A Silgia Navarro:
ella sabe por qué.

Me parece pertinente que, luego de haber intentado dar alguna noticia simbólica de la experiencia mística, explique de manera exenta, esencial y desnuda lo que me aconteció una tarde más allá de este plano de conciencia. Han transcurrido más de cuarenta años desde que tuve la vivencia del éxtasis transformante en 1976: estoy escribiendo a partir de 2015, y ya avanza 2020 y aún estoy en ello. Es la primera vez que me animo a poner lo que me sucedió por escrito, y solo Dios sabe lo que me cuesta ahora desvestir mi vivencia del abrigo protector simbólico con que la he comenzado a comunicar. Entro pues en la parte más ardua de mi confesión, pero no estaría completa sin el testimonio directo de lo vivido.

Es obvio que jamás podré explicar lo que realmente me aconteció más allá del espacio-tiempo, y por eso quisiera comenzar este testimonio directo al amparo de las palabras lapidarias de Lao Tzé: «El que lo sabe, no lo dice; y el que lo dice, es porque no lo sabe». Es un *caveat* que desearía que el lector de estas páginas tuviera presente siempre. Aunque lo «diga», sé bien que jamás acertaré a *decirlo*.

Voy a intentar, con todo, ofrecer alguna noticia de lo sucedido, haciéndome eco de san Juan, que advirtió que «Esto creo que no lo habrá de comprender el que no lo hubiere experimentado» («Cántico» B VII, 10). Ahora sé por experiencia propia que es dificultosísimo dar a entender estos eventos sobrenaturales, que son de suyo intransferibles. He asumido mi derrota desde el principio. Pero el silencio, como anticipé, dejó de ser una alternativa para mí.

El que haya tenido ocasión de acercarse a mis escritos sabe bien que he dedicado mi vida al estudio del fenómeno místico. Han ido gravitando sobre mi escritura contemplativos de distintas épocas y persuasiones religiosas, desde san Pablo y san Juan de la Cruz hasta Moshé de León e Ibn 'Arabi de Murcia, sin descontar a contemporáneos como Ernesto Cardenal y Seyyed Hossein Nasr. Me consta que todos celebran lo mismo: su experiencia directa del Amor infinito en el que descansa la urdimbre del universo.

En estos momentos, sin embargo, me dispongo a dar un giro crucial a mi escritura de antaño, porque voy a sostener un tú a tú con todos estos cantores de lo inefable. Pese a que este diálogo me resulta atemorizante por las implicaciones que tiene y la enorme responsabilidad que conlleva, anticipo que será un diálogo gozoso y sin fronteras dogmáticas. Ya no reclamaré a estos altos maestros de la vida del alma desde el discurso académico propio de mi disciplina, porque he tenido la misma experiencia abisal del Dios vivo que tuvieron, y siento que debo compartirla. Así lo hicieron ellos en su momento, bien que con un instrumento verbal privilegiado que no me ha sido otorgado. Tengo, con todo, la misma urgencia espiritual que movió su pluma: la de celebrar el altísimo don de la gracia mística que hemos compartido. La confesión que hoy hago estará pues indefectiblemente hermanada por estas voces cómplices que me acompañarán a lo largo del camino. Aquí —lo reitero— no hay ningún mérito envuelto, tan solo una misma urgencia, una misma necesidad comunicativa.

Una experiencia trascendente de tal dimensión no es para callarla, porque nos desborda el alma y llega un momento en que no podemos seguirla silenciando. Se trata de un impulso irresistible que le es propio a casi todo aquel que ha experimentado el éxtasis transformante. Sospecho, con todo, que los místicos que nos animamos a confesar la experiencia intuimos el momento preciso en el que podemos —más bien, debemos— hacerlo. A mí me ha tomado, ya lo confesé al lector, largas décadas tomar la decisión de romper mi silencio.

Sé bien que algunos místicos han optado por callar el don recibido (ya antes me referí al caso de Ana de Jesús); y que aún algunos teólogos o religiosos aconsejarían la opción del mutismo. Mis maestros espirituales me han animado, sin embargo, a comunicar la experiencia vivida, pero admito una vez más que no escribo por obediencia, sino por un impulso espiritual insoslayable que me deja saber que mi larga etapa de *sigilo* ha tocado a su fin.

Dicho esto, cabe también insistir en que los místicos recurrimos a apoyarnos unos a otros para «autorizarnos» a medida que intentamos explicar de alguna manera lo sucedido. Sabemos que lo que vamos a poner en palabras se podría prestar a muchas interrogantes e incluso a posibles malas interpretaciones. El Reformador solía autorizarse con las Escrituras y los Padres de la Iglesia; otro tanto hizo Ernesto Cardenal en *Vida en el amor*, cuando reconoció de súbito al Dios creador del Génesis en el Amor sin orillas al que se sintió unido durante su trance místico. Santa Teresa, por su parte, citaba la Biblia como mejor podía, en un latín aproximativo propio de los que desconocen la lengua, por lo que descansaba de manera especial en el respaldo protector de místicos de dominio común como san Agustín y de contemporáneos como san Pedro de Alcántara al momento de explicitar a sus dirigidas espirituales los caminos incógnitos de la vida del alma. Thomas Merton se justificaba a la luz de las experiencias del avasallante Amor indecible de san Bernardo y de san Juan de la Cruz, aunque también incluye en su fecundo diálogo a los rimpochés tibetanos de los que tanto admitió haber aprendido en aquel extraño viaje a Asia donde encontró la muerte.

En mi propio caso, admito que seguiré saqueando sin pena los escritores místicos que más afines me resultan, porque la manera en la que dan fe de su vivencia sobrenatural, como anticipé, guarda una profunda relación de parentesco con la manera particular en la que también a mí me fue dado vivirla. Admití antes que estos autores místicos, que gravitan con tanta fuerza sobre mi escritura, me han ayudado a dar forma a mi propia expresión. A la luz de sus discursos extáticos fraternos que uso de apoyo me he podido aclarar mejor a mí misma lo acontecido. Como consecuencia, de la mano de ellos —y a la sombra de ellos— podré dar a quien me leyere una idea más cabal de aquel abreviado instante celeste que pude apurar por unos segundos y que de repente devino tiempo eterno.

Quiero que mi innombrado lector sepa que me he animado a escribir estas páginas testimoniales no tan solo porque estoy desbordada de un Amor que me es fuerza celebrar, sino porque entiendo que las buenas nuevas deben ser siempre de todos. Y este es un libro de buenas nuevas: una historia de amor, rotunda y feliz, porque se trata de un Amor reciprocado. Si mi testimonio pudiera servir de consuelo a alguien, daré por bueno el enorme esfuerzo que hago en darlo. Todos estamos convocados al abrazo de Dios, y de ahí que mi escritura constituya un diálogo fraterno concebido en gozosa camaradería vital.

Lejos, muy lejos de mí, de otra parte, la idea de herir ninguna sensibilidad religiosa: quisiera que mi escrito les pudiera hablar a todos por igual, sin fisuras ni conflictos. Debo advertir, sin embargo, que este libro no está atado a dogmas religiosos ni a ninguna estructura eclesial específica, a despecho de mi formación católica, que me ha marcado para siempre. Nace desnudo, hijo de la experiencia sobrenatural recibida, ajeno a sistematizaciones doctrinales o a credos impuestos por el azar del nacimiento. Dios se me ha dado como «Libro vivo» (ya sabe el lector que la célebre frase es de santa Teresa) y me ha colocado a salvo de la tristeza de intentar armonizar la fe con la razón. Dios las trasciende a las dos. Ninguna disputa teológica sería ya capaz de minar mi certeza en la Realidad última que he experimentado sin intermediarios. Como Eggidio di Assisi, «vi a Dios tan de cerca que perdí la fe». La certeza ha sustituido a la fe para siempre. Puedo descubrir los destellos de la presencia de Dios en la naturaleza creada y en todas las revelaciones religiosas tradicionales. Comprendo, por más, que los místicos que están supeditados a una particular ortodoxia (sea esta cristiana, musulmana, judía o budista) suelen hacer el generoso intento de armonizar su experiencia oceánica y abisal de Dios dentro del marco, siempre necesariamente más estrecho, de su credo particular. Es como pasar un líquido espeso a través de un embudo angosto. Pero los que lo hacen llegan a comprender entonces los altísimos secretos que su propia fe les había propuesto, y los entienden ahora de manera mucho más profunda. Con ello tienden puentes —se lo propongan o no— con sus hermanos de otras persuasiones religiosas. Yo misma he comprendido mejor los secretos de mi propia fe fundacional, que me ha nutrido y formado de una manera decisiva, al tener una seguridad rotunda en torno a la vida trascendente.

Una vez preguntaron a un espiritual que no asistía regularmente a los servicios religiosos de su fe, a despecho de lo profundo de su vida espiritual, por qué no iba al templo. Él contestó tersamente: *I'm never not in Church* [«Nunca dejo de estar en el templo»]. No hay más que añadir. Para el místico, la vida entera deviene templo. Ya jamás saldremos del amparo protector de lo Sagrado. Como proponía con gran lucidez Raimon Pannikar: «la experiencia mística imprime un carácter indeleble. Por ese motivo [...] la mística no tiene, en toda su historia, un solo renegado». La unión transformante, debidamente asumida, marca el alma para siempre. Por eso no existen místicos «arrepentidos».

Tengo sabido por experiencia directa que los más altos maestros espirituales también se suelen haber liberado de la servidumbre estrecha y excluyente de muchos dogmas, circunstancia que solo comparten a solas con su dirigido espiritual. Y digo *a solas* porque cada persona atraviesa etapas distintas a lo largo de su propio peregrinaje, por lo que no se le puede aplicar la misma regla sin tomar en cuenta la evolución que lleva su alma. Tampoco la misma regla se debe aplicar indiscriminadamente a todas las almas, pues se confundirían si reciben enseñanzas para las que aún no están listas. Hay quienes necesitan una estructura eclesial cerrada durante toda la vida, o durante una larga etapa de la vida. Otros se «gradúan» a una visión más trascendida de la fe. No hay reglas rígidas que apliquen por igual a lo largo de los misteriosos caminos por lo que nos lleva Dios.

Dicho esto, ruego ahora a mi lector avisado que no piense que porque me he de ir respaldando en este libro con los grandes maestros de la vida del alma me atreva a considerarme como uno de ellos. Le suplico que no me lea nunca a la luz de esta venerable tradición de docencia espiritual que iré evocando una y otra vez: no soy nadie para asumir la inmensa responsabilidad de una enseñanza contemplativa propia de teólogos o de maestros espirituales. Lejos de mí esos oficios, que me quedan grandes y que nunca he ejercido. Reitero que lo único que hago en estas páginas es dar testimonio de mi vivencia mística, bien que para poder hacerlo adecuadamente invoque a contemplativos que hayan sido, a su vez, maestros espirituales. Mi escrito no es pues magisterial; es, simple y llanamente, testimonial. «Diré lo que me acaeció»: salvando las inmensas distancias, hago mías aquí las palabras confesionales del *Libro de la Vida* (XXII, 2) de santa Teresa. Y, eso sí, me comprometo, como ella, a ser fiel a una verdad necesaria: «no diré cosa que no haya experimentado mucho» (*Vida* XVIII, 7). Por cierto que la Reformadora se asustó de la magnitud de lo que iba confesando, y de ahí que tercie a su severo interlocutor eclesiástico un cauteloso «Mucho me atrevo» (*Vida* XXI, 4). Tan grande le parecía su propio «atrevimiento», que llegó a ofrecerle su escrito para que lo rompiera. Yo, para bien o para mal, no tengo quien rompa el mío. Solo me rige mi propia conciencia, pero esta es tan exigente como aquellos arduos confesores de los *tiempos recios* inquisitoriales. Quién sabe aún si más.

Advierto pues que nadie —y yo menos que nadie— merece una gracia mística tan alta, pero aún recuerdo —*tutta tremante*— cómo fue probar un sorbo de cielo. Y precisamente de ese sorbo de cielo es que paso a dar cuenta ahora.

Accedí al éxtasis de manera inesperada. Me aconteció mientras enseñaba un curso graduado sobre san Juan de la Cruz, es decir, en el ejercicio mismo de mi hondísima vocación docente, y en un espacio particularmente amado, la Universidad de Puerto Rico. Intentaba explicar a los alumnos del seminario cómo el poeta se las arreglaba para comunicar algo de su éxtasis infinito a través del lenguaje, que siempre le resultaba insuficiente. Ya se sabe que este es un problema crucial para todo místico, máxime para el «doctor de las Nadas». A medida que me iba adentrando en los meandros de la escritura sanjuanística con mis estudiantes, me fui sumiendo en un estado de conciencia cada vez más profundo. Fue entonces que comprendí lo que realmente les estaba intentando comunicar con tanto esfuerzo pedagógico. Tan abismal fue el descenso —así precisamente lo sentí, como un abismarse de la conciencia— que lo que entendí allí ya no era articulable con la palabra humana. Lo puedo comparar ahora con lo que debe sentir un músico o un gran poeta en el instante en cúspide de la inspiración artística. Sin duda era un estado más hondo aún que el llamado «síndrome de Stendhal», también denominado como «síndrome de Florencia», «trance» felicísimo de exaltación súbita en el que se nos detona de manera intuitiva e inesperada al mensaje subliminal que la belleza natural o el arte nos ofrecen.

Esta hondísima intuición que experimenté, pese a su carácter inefable, no constituía aún, sin embargo, la experiencia mística. Como recuerda lúcidamente Evelyn Underhill, todos buscamos la Verdad con las herramientas que tenemos a mano, ya sea la razón o la intuición estética. Pero donde el filósofo argumenta y el artista intuye, el místico *experimenta.* Ya lo he dejado dicho de la mano de san Juan: Dios se comunica «de boca a boca», fruitivamente, y yo, aunque ya había dejado muy atrás el discurrir racional, todavía estaba «intuyendo» el Misterio, no *saboreándolo.*

Pero he aquí que inmediatamente —sería una fracción de segundos después, aunque no medía el tiempo, porque este ya había dejado de transcurrir para mí— Dios me catapultó a la vivencia inmediata de Su Esencia infinita. Lo sentí como una fuerza inmensa a la que no podía —ni quería— oponer resistencia alguna. El alma dejó de mandar sobre sí misma. Cuando a san Juan le aconteció este «rapto» o «arrobamiento», lo sintió como un vuelo súbito: «volé tan alto, tan alto, que le dí a la caza alcance». En el *Libro de su vida* santa Teresa tiene mucha dificultad en describir este trance altísimo, y no encuentra palabras para ello: «querría saber declarar con el favor de Dios la diferencia que hay de unión a arrobamiento, u elevamiento, u vuelo que llaman de espíritu, u arrebatamiento, que todo es uno; digo que estos diferentes nombres todo es una cosa, y también se llama ástasi» (*Vida* XX, 1). También en las *Moradas* traduce la vivencia de este «éxtasis» o *vuelo de espíritu* en palabras que aún registran la magnitud de su asombro:

> Otra manera de arrobamiento hay, u vuelo de espíritu lo llamo yo [...], porque muy de presto algunas veces se siente un movimiento tan acelerado del alma, que parece es arrebatado el espíritu con una velocidad que nos pone harto temor [...] ¿Pensáis que es poca turbación estar una persona muy en su sentido y verse arrebatada el alma (y aún algunos hemos leído que el cuerpo con ella), sin saber adónde va, o quién le lleva, u cómo? (*Moradas* VI, 5,1).

Es obvio que la Reformadora se autoriza, aunque no lo dice directamente, con el éxtasis que san Pablo describe en la segunda Epístola a los Corintios, de la misma manera que yo me atrevo a autorizarme en sus *Moradas*, porque lo que narra allí es precisamente lo que experimenté. El Apóstol, hijo de la cultura helenística, confiesa que ascendió a un simbólico «tercer cielo», donde escuchó «palabras que al hombre no le es lícito pronunciar». Dicho de otro modo, accedió a un conocimiento trascendente que le resultó del todo inarticulable, por lo que no lo pudo decir. Era, a todas luces, una experiencia distinta de la que tuvo en el camino de Damasco, donde vio la imagen de la Cruz y escuchó la voz «Paulo, Paulo, ¿por qué me persigues?». Esta visión y esta audición sí que las pudo informar al pie de la letra y con pormenor, pero no así lo que alcanzó a experimentar en su «tercer cielo», pues ya esta vivencia sobrepasaba el lenguaje. Es en este metafórico espacio celestial —es decir, en este particular espacio de conciencia— que accedemos a saber, y dejo la palabra a santa Teresa una vez más, que «en nosotros mesmos están grandes secretos, que no entendemos». Pero, en efecto, están allí. En la cima del éxtasis los logramos descubrir, y ya nunca se nos olvida que una vez los entendimos.

Tengo que detenerme aquí brevemente para diferenciar mi vividura mística sin imágenes de una visión, pues se trata de una distinción muy importante. Ya sabemos que san Juan no fue muy proclive a la meditación discursiva e imaginaria, por lo que aconsejaba «no se ir arrimando a visiones imaginarias, ni formas, ni figuras, ni particulares inteligencias» (*Subida*, II, 6, 10). Santa Teresa, aunque no siempre va aquí en la misma línea estricta que su Senequita, ya que recomienda un tipo de oración apoyado en figuras e imágenes, sí tiene mucho que decir sobre los carismas trascendidos que incluyen imágenes. Establece una clara diferencia entre la «visión imaginaria» —percibir imágenes en estado alterado de conciencia, como la «sacratísima humanidad de Cristo» o los ángeles—; y la visión *inteletual* o «intelectual», que ya es ajena a imagen. El término técnico teresiano de esta «visión intelectual» nada tiene que ver con el discurrir racional, pues se trata de una vivencia directa del Dios infinito. Santa Teresa sabe bien que este tipo de vivencia ya no se puede «narrar» ni mucho menos «describir». A veces es Cristo mismo en «visión imaginaria» (*Moradas* VII, cap. 2) quien anuncia a la Reformadora que le sobrevendrá a continuación una experiencia «intelectual» inefable, infinitamente reveladora, oceánica, podríamos decir, de la Esencia divina, de la que ya no será capaz de dar cuenta. Es entonces que la santa descubre «como en Dios se ven todas las cosas, y las tiene todas en sí mesmo» (*Moradas* VI, cap. 10). Gracias a mi propia vivencia advertí cuánta razón llevaba santa Teresa: Dios se experimenta, en efecto, como una infinita reconciliación dinámica con todo lo creado y con el hondón último del alma. Ya intenté compartir algo de esto en mis páginas anteriores.

El movimiento ascensional que describe el Apóstol, de otra parte, da la clara impresión de haber sido tan involuntario como el de Teresa. La santa explica a sus monjas cómo una fuerza impetuosa la arrebató para sí, con la misma firmeza implacable con la que el ámbar arrebata una paja, y la subsume en su resina; o bien como un gran «jayán» o gigante levanta dicha paja volátil. (La Reformadora se sirve aquí de los gigantes, personajes fantásticos de sus amadas novelas de caballerías, para que sus monjas logren entender que en ese momento es del todo imposible oponer resistencia a la fuerza sobrenatural de la voluntad de Dios). Eso fue precisamente lo que sentí en aquel instante, que duraría segundos o aun fracciones de segundo, si lo medimos en el tiempo de los relojes, pero que me catapultó de súbito y sin intervención alguna de mi albedrío a la eternidad. Intenté cantarlo en verso, armonizando el rapto teresiano y la ascensión paulina con las elaboraciones místicas del viaje nocturno o *mi'raj* que el Profeta del islam —*de nocte et nullo vidente*— realizó al séptimo cielo. Añado a mi vez el símil de las simbólicas esmeraldas trascendidas con las que tanto san Juan como los sufíes señalizan la llegada al éxtasis último:

¡Soy la luna llena que asciende!
Detengo la confluencia de los mares,
incendio todos los perfumes,
traspongo el Loto del Término,
descubro más allá de la aurora
el destello de las esmeraldas
y llego a la tierra verde del Misterio

en donde me aguardas.

William James, de quien tanto he aprendido, nos ayuda a dar una cuenta algo más precisa de la experiencia mística que vengo intentando comunicar de la mano de los maestros cristianos tradicionales. En su estudio *Varieties of Religious Experience* [*Variedades de la experiencia religiosa*] logra clasificar ordenadamente algunas de las características fundamentales de la cima del éxtasis. El filósofo pragmático observa que se trata de un trance que es de suyo inefable, brevísimo y pasivo: ocurre en un instante; no lo podríamos articular jamás; ni mucho menos precipitarlo por nosotros mismos. Pero una vez nos acontece, nos abre la conciencia al conocimiento inmediato y directo de grandes verdades reveladas. Se trata, puntualiza James con su prosa prístina, de «states of insight into depths of truth unplumbed by the discursive intellect. They are illuminations, revelations, full of significance and importance, all inarticulate though they remain: and as a rule they carry with them a curious sense of authority for aftertime» [«estados en los que se perciben unas profundidades de la verdad a las que el intelecto discursivo no alcanza. Son iluminaciones —revelaciones— llenas de significado e importancia, pese a que se mantienen inarticulables; y normalmente conllevan una curiosa sensación de autoridad que dura para siempre»]. Walter T. Stace, tan influido por los místicos del hinduismo y del budismo, abrevia a su vez las características primordiales del éxtasis apoyándose en la *Manduka Upanishad*. Acontece, explica, la sensación de una unidad indiferenciada; la disolución del yo habitual; la certeza de la verdad de lo acontecido; y constituye una vivencia de beatitud y paz y de serenidad que conlleva la transformación del carácter de la persona hacia la bondad.

Una vez devueltos a nuestra vigilia cotidiana, ya nos resulta, en efecto, imposible explicar lo vivido, ni siquiera recordarlo para nosotros mismos. Pero, eso sí: la vivencia, infinitamente aleccionadora, ha cambiado nuestras vidas para siempre. Doy fe de que es así.

Catapultada a la presencia del Uno en el espacio íntimo de aquel seminario universitario, al fin supe lo que había en el fondo de mi ser. Esta es otra de las lecciones espirituales, incluso, metafísicas, del éxtasis transformante: el autoconocimiento, al que ya me he referido antes. La experiencia mística constituye el más extremo de los ejercicios ontológicos posibles: nos miramos en un espejo sobrenatural y nos es dado saber que nuestra verdadera esencia es trascendente. Descubrimos de primera mano y sin intermediarios la más alta noticia: Dios nos habita. En el fondo de nuestra alma está Dios, y existimos —o mejor, realmente *somos*— solo en Dios. En *El medio divino* Teilhard de Chardin se refiere a la capacidad transformante propia de la experiencia mística y reflexiona sobre «la aspiración de todo místico: unirse (es decir, hacerse Otro) siendo uno mismo». Ernesto Cardenal se declara su discípulo cuando en *Vida en el amor* se refiere a su vez a esa nueva identidad que el místico adquiere en estado de unión: «No sabemos que en el centro de nuestro ser no somos nosotros sino Otro. Que nuestra identidad es Otro. Que encontrarnos a nosotros mismos y concentrarnos en nosotros mismos es arrojarnos en brazos de Otro». El poeta nicaragüense reitera en verso lo insoslayable de esta transformación en Uno: «Meister Eckhart decía: / Se postran y hacen genuflexión sin saber a quién: / ¿para qué genuflexión si está dentro de uno? / Perseguido por la Inquisición, Gestapo de su tiempo». En efecto, solemos buscar a Dios en los templos o en la naturaleza y, sin embargo, lo llevamos dentro. San Juan de la Cruz, por su parte, autorizándose en Mateo 13, 44 y dándole un novedoso sesgo místico a sus palabras, afirma: «tu Esposo amado es el tesoro escondido en el campo de tu alma» (*Cántico* I, 9). No estamos lejos de la expresión extracoránica en la que Dios dice: «Yo era un Tesoro escondido y quería ser reconocido; por eso Yo creé el mundo».

Evitando caer en el panteísmo, el santo —también me he referido a ello antes—, había glosado cautamente su osado «amada en el Amado transformada» explicando que el alma, aunque en efecto se «deifica» o «endiosa» (Ll 1,35); se convierte en Dios «por participación» (S II,5,7). Y añade: «Esto es lo que quiso dar a entender san Pablo [...] cuando dijo *Vivo autem, iam non ego; vivit vero in me Christus*» (CB XII,7). Ya no era él quien vivía, sino Cristo en él. Lo tenía bien sabido san Agustín: «en el interior del hombre habita la Verdad». Lo cierto es que tan solo en estos extremos unitivos es que podemos comprender que el ser humano, como enseña el Génesis, esté hecho a imagen y semejanza de Dios, porque su esencia última es igualmente infinita. Ibn ‘Arabi, por su parte, describe a Adán como habiendo sido creado «de acuerdo a la forma del Todo Misericordioso» (*‘ala surat al-Rahman*). De ahí que el ser humano pueda reclamar a su vez que su alma es el Trono de ese Dios supremamente compasivo: *qalb al-mu’min ‘arsh al-Rahman*.

O, por decirlo con palabras de Malwida von Meysenbug:

> *[...] to return from the solitude of individuation into the consciousness of unity with all that is, to kneel down [...] and to rise as one imperishable.*
>
> [regresar, de la soledad de la individualización, a la conciencia de la unidad con todo lo que es; arrodillarse, [...] y levantarse como alguien imperecedero].

Perdone el lector que prodigue desesperadamente tantos ejemplos para autorizar mi propia vivencia: todos son mi espejo y cada lector elegirá la descripción que sienta le ilustra mejor el éxtasis. Lo cierto es que aquella tarde, durante un medio segundo que posiblemente mis alumnos no advirtieron, accedí al fin al misterio del Dios vivo. Y estaba todo el tiempo dentro de mí misma.

Entréme donde no supe... Puedo decir que en medio del arrobamiento accedí a un «espacio» o «estado» o «proceso» que podría comparar con un océano sin orillas de luz pura. (Expreso aquel sagrado no-lugar sin tiempo con términos espaciales y temporales que realmente no aplican a lo sucedido, lo sé bien, pero debo decirlo de alguna manera). Insisto en la Luz que experimenté como parte inextricable de la vivencia. Los místicos suelen reconocer que el éxtasis constituye, de suyo, una experiencia lumínica. Teresa describe esta luz como una «luz increada», en nada semejante a la que tenemos acá. Vale la pena escucharla: «Parécele que [...] ha estado en otra región muy diferente de en esta que vivimos, adonde se le muestra otra luz tan diferente de la de acá, que si toda su vida ella la estuviera fabricando junto con otras cosas, fuera imposible alcanzarlas (*Moradas* VI, 6, 7). Muchos místicos se han esforzado en vano en explicar esta luz ultramundana, y los he leído de manera fraterna después de experimentar yo misma esta luminosidad que desafía las palabras. Por eso, años después de sucedido lo que les narro, pude comprender qué quiso decir santa Hildegarda cuando habló de «la luz ígnea» que sintió se esparcía por todo su cerebro y su corazón, permitiéndole entender los secretos últimos de los Evangelios y de los salterios. En aquel estado de incandescencia no me fue ajena tampoco la *semplice luce* de Dante ni el desvalido FEU! que Blaise Pascal grita en letras mayúsculas en el texto de su *Memorial*. Inmersa en esta luz que era parte de mí misma, comprendí regocijada que había regresado a casa: nada más seguro, nada más a salvo que aquel Amor lumínico sin límites que podía abrazar porque mi conciencia se había expandido más allá de sus límites y ya era la misma luz y la misma sapiencia y la misma paz infinita que estaba amando. Otros místicos hablan de esa sensación de retorno a esta diamantino «morada originaria y hogar» [«abode of origin and home»], que diría Seyyed Hossein Nasr en sus *Poems of the Way* [*Poemas de la vía mística*], a despecho de lo aturdidos que se encuentran ante la vivencia inenarrable que han experimentado. Me hermano con todos ellos.

No se trata tan solo de la certeza que tiene el gnóstico de que ha vivido el abrazo divino más allá de toda duda; es que entendí que todos los seres, de alguna manera que tampoco soy capaz de comunicar, lo habremos de vivir. También santa Teresa se refirió a ese feliz «regreso a casa»: «Parece que le ha querido el Señor mostrar [al alma] algo de la tierra adonde ha de ir [...] para que pase los trabajos de este camino tan trabajoso, sabiendo adónde ha de ir a descansar» (*Moradas* VI, 6, 9).

Insisto en que la nota predominante de la vivencia mística es la reconciliación. Ya dije que es como si las paradojas y la diversidad de este mundo se derritieran en Unidad. La unión de todos en el seno de Dios es nuestro destino último: así lo supe en medio de mi propia vivencia y, aunque no puedo explicar nada más de este misterio con palabras, otros místicos se han hecho eco a su vez de esta certeza. El psiquiatra canadiense Richard Maurice Bucke, gran admirador por cierto de Walt Whitman, también hace referencia a este consuelo supremo de saber, en medio de la iluminación, que todos, de una manera u otra, estamos convocados al abrazo redentor final en el seno misericordioso del Uno. Cito su *Cosmic Consciousness. A Study in the Evolution of the Human Mind*:

All at once, without warning of any kind, I found myself wrapped in a flame-colored cloud. For an instant I thought of fire, an immense conflagration somewhere close by in that great city; in the next, I knew that the fire was within myself. Directly afterward there came upon me a sense of exultation, of immense joyousness accompanied or immediately followed by an intellectual illumination impossible to describe. Among other things, [...] I became conscious in myself of eternal life. It was not a conviction that I would have eternal life, but a consciousness that I possessed eternal life then; I saw that all men are immortal; that the cosmic order is such that without any peradventure all things work together for the good of each and all; that the foundation principle of the world, of all worlds, is what we call love, and that the happiness of each and all is in the long run absolutely certain. The vision lasted a few seconds and was gone; but the memory of it and the sense of reality of what it taught has remained during a quarter of a century which has since elapsed. I know that what the vision showed was true. [...] That view, that conviction, I may say consciousness, has never, even during periods of the deepest depression, been lost.

[De manera totalmente súbita, sin ningún tipo de aviso, me encontré envuelto en una nube del color de las llamas. Por un momento pensé que era un fuego, una inmensa explosión en algún lugar cercano de aquella gran ciudad; enseguida supe que el fuego estaba dentro de mí mismo. Inmediatamente después me vino un sentimiento de exultación —de regocijo inmenso— acompañado o directamente seguido de una iluminación intelectual imposible de describir. Entre otras cosas [...] me volví consciente, en mí mismo, de la vida eterna. No era una convicción de que tendría vida eterna, sino una conciencia de que poseía vida eterna entonces; vi que todos los hombres son inmortales; que el orden cósmico implica que, sin un ápice de duda, todas las cosas trabajan juntas por el bien de cada uno y de todos; que el principio fundacional del mundo, de todos los mundos, es lo que llamamos amor, y que la felicidad de todos y cada uno está, a la larga, garantizada. La visión duró unos pocos segundos y acabó; pero su recuerdo y la sensación de realidad de lo que me enseñó se han mantenido durante el cuarto de siglo que desde entonces ha pasado. Sé que lo que la visión mostró era verdad. [...] Aquel punto de vista, aquella convicción o incluso conciencia, no ha desaparecido ni siquiera en las épocas de más profunda depresión].

He citado al médico canadiense por extenso porque su testimonio acerca de lo que él llamó «conciencia cósmica» me parece invaluable, no solo por la certeza acerca de la reconciliación final de todo lo creado, sino por la absoluta veracidad que le atribuye a su éxtasis, efímero en el tiempo pero imperecedero en su memoria. Todo místico es capaz de poner su mano en el fuego de que lo que le ha acontecido es verdadero. Bucke corrobora en su encendido testimonio la lección de santa Teresa en torno a la seguridad que, incluso en medio de momentos muy penosos —que en su caso fue una depresión severa— tiene el místico de la vivencia que le ha acontecido. Vale recordar el símil, tan eficaz, que usa la santa para explicitar la serenidad imperturbable del alma que ya ha entrado en matrimonio espiritual tras experimentar el éxtasis transformante:

> Está el Rey en su palacio, y hay muchas guerras en su reino y muchas cosas penosas; mas no por eso deja de estarse en su puesto. Ansí acá. Aunque en estotras moradas anden muchas baraúndas y fieras ponzoñosas y se oye el ruido, naide entra en aquella que la haga quitar de allí; ni las cosas que oye, aunque le daña alguna pena, no es de manera que la alboroten y quiten la paz... (*Moradas* VII, 2, 14).

El místico, en efecto, se siente «felizmente a salvo», y cargo la mano en esa sensación que se tiene de haber llegado a un puerto seguro. La certeza va siempre unida al sosiego y a una sensación de seguridad y de protección que colocan al alma a salvo de todo. Confieso que este convencimiento auténtico de esta recóndita paz interior jamás me han abandonado, pese a los sufrimientos propios de la vida que a todos nos es dado experimentar. Algunos, muy severos. De ninguna manera siento que se trate de la regresión patológica al seno materno que postulaba Freud, ni de una alucinación dramática precipitada por estupefacientes: antes, es la experiencia más sana y enaltecedora que pudiéramos ser capaces de experimentar. Es útil que aclare que cuando me sobrecogió el arrobamiento místico estaba totalmente saludable y lúcida, en mis plenos cabales y que, por más, no había tomado una gota de alcohol ni mucho menos de estupefacientes, que nunca he probado. Simplemente estaba dando clases, por lo que mi estado de plena vigilia era indispensable para el ejercicio magisterial. Lo que sí admito que irradiaba en todo mi ser era la profunda emoción, entusiasmo, felicidad y amor que toda la vida he sentido cuando enseño. Pero eso para mí nunca ha sido un estado de excepción, sino un *sine qua non* de mi vocación, tan jubilosa.

Ibn 'Arabi reitera la lección milenaria del destino amoroso que nos aguarda cuando considera que «todos los seres, las entidades y los estados regresan a Dios». Claro que al contemplativo de Murcia no le es difícil aseverar la idea de este destino común feliz, ya que la respalda el Corán II: 28 —«Todos volveremos a Dios»— y II: 210 —«Todas las cosas regresan a Dios»—. Siglos después, el poeta Alfred Lord Tennyson expresó el mismo aserto de manera contundente, celebrando que la sensación de infinita solemnidad que produce el éxtasis transformante es, a la vez, una sensación de protección suprema ante el regreso al origen:

> *Although it is at first startling in its solemnity, it becomes directly such a matter of course — so old-fashioned, and so akin to proverbs, that it inspired exultation rather than fear, and a sense of safety, as identified with the aboriginal and the universal. But no words may express the imposing certainty of the [mystic] that he is realizing the primordial, Adamic surprise of life.*
>
> *Repetition of the experience finds it ever the same, and as if it could not possibly be otherwise. The subject resumes his normal consciousness only to partially and fitfully remember its occurrence, and to try to formulate its baffling import — with only this consolatory afterthought: that he has known the oldest truth, and that he has done with human theories as to the origin, meaning, or destiny of the race. He is beyond instruction in «spiritual things».*
>
> *The lesson is one of central safety: the Kingdom is within.*

> [Aunque al principio desconcierta por su solemnidad, enseguida se vuelve algo tan cotidiano y tan tradicional y tan afín a los Proverbios, que no inspiraba miedo, sino exultación, y una sensación de seguridad, ya que se trataba de [una experiencia] identificable con lo primigenio y lo universal. No hay palabras, sin embargo,

que puedan expresar la certeza [del místico] de estar constatando la sorpresa primigenia, adánica de la vida.

Cuando la experiencia se repite es siempre la misma: es como si no pudiera ser de otra manera. El sujeto retoma su conciencia normal tan solo para recordar parcial e intermitentemente aquella vivencia, e intentar formular el desconcertante significado de la misma con este único pensamiento consolador: que ha conocido la verdad más antigua, y que ya ha dejado atrás las teorías humanas acerca del origen, el significado o el destino de la raza. Realmente está más allá de poder ser instruido en «asuntos espirituales».

La lección conlleva una seguridad central: el Reino está adentro].

La nota predominante de la vivencia mística es pues, para muchos contemplativos, la paz última que da la certeza de la reconciliación del alma en Dios. *So old fashioned, and so akin to proverbs* [Tan tradicional y tan afín a los Proverbios]: las palabras de Tennyson equivalen, no me cabe duda, a la reacción instintiva de otros místicos que han encontrado en el éxtasis aquella Verdad fundacional y eterna, *tam antica et tam nova* [tan antigua y tan nueva], que diría Agustín. Aquel Dios que Pascal declara sin ambages *Dieu d'Abraham, Dieu d'Isaac, Dieu de Jacob, Non Dieu des philosophes et des savants* [Dios de Abraham, Dios de Isaac, Dios de Jacob, no al Dios de los filósofos y de los sabios]; El mismo que hizo exclamar a Ernesto Cardenal: «¡Tú debes ser el que hizo los cielos y la tierra!». Curiosamente, ese Dios emanente y mayestático «inspiraba, más que miedo, exultación, y una sensación de seguridad» (*inspired exultation rather than fear, and a sense of safety*): es que el místico encuentra en la unión transformante tanto al Dios emanente que nos avasalla —*das Heilige* [*Lo santo*] de Rudolph Otto— como al Dios inmanente, íntimo, que nos ama desde siempre. El Dios hermano. Y Hermano de todos.

No es de extrañar que después de una vivencia tal el místico quede «más allá de poder ser instruido en 'cosas espirituales'» [*beyond instruction in «spiritual things»*]. Es que ha experimentado cómo las paradojas y la diversidad de este mundo se derriten en Unidad salvífica. Me parece consolador considerar que el ser humano tiene una naturaleza teomórfica —es decir, que no es un simple «caído» por el pecado original, ni el «vil gusano» con el que Teresa de Jesús expresaba (con tanta exageración) su insignificancia— sino un ser imperfecto que tiene que ser *recordado* de su condición real, que es, en última instancia, divina.

Supe pues, por experiencia directa, que la paz de los castillos interiores de santa Teresa, libres de las alimañas y sabandijas con las que la santa, hija de su tiempo, metaforiza el demonio —y que yo prefiero asociar con nuestras sombras espirituales o psíquicas— no era una simple metáfora. Al cabo de los años fui comprendiendo cómo cada místico explica a su manera el sentido de reconciliación total tan propio de este instante en cúspide. San Juan de la Cruz aseguraba que *Aminadab tampoco parecía...*: es decir, que nadie y muchos menos «el demonio enemigo del alma» tocaba los umbrales en perfecto estado de quietud del alma en éxtasis transformante. Se trata, es muy verdad, de un espacio inexpugnable. San Pablo tercia que no sabía si había vivido su tercer cielo en el cuerpo o fuera de aquel cuerpo que tanto lo solía aguijonear con las saetas de la concupiscencia. Aquí la dimensión corpórea de su ser se le había aquietado tanto que ya no podía distinguir las miserias físicas de su alma en unión participante. Las dolorosas contradicciones entre el cuerpo y el alma habían desaparecido. Sucede exactamente así. *Cuerpo es alma y todo es boda*: en el fondo nadie lo ha dicho con más belleza que Jorge Guillén, no empece lo haya hecho sin intención mística. José Hierro intuyó, bien que desiderativamente, estas anheladas nupcias ultramundanas: «carne y azul / sonando con un mismo sonido». Thomas Merton viene también en mi ayuda: «it is an infinitely fruitful freedom to lack all things and to lack yourself in the fresh air of that happiness which seems to be above all modes of being» [«es una libertad infinitamente fecunda carecer de todas las cosas y carecer de ti mismo en el aire fresco de esa felicidad que parece estar por encima de todas las modalidades del ser»]. Yo, hija del siglo XXI, añadiría que era como si el mismísimo subconsciente, con toda su carga de tristezas y de contradicciones, se hubiera evaporado. El individuo no lleva a ese *allí* transformante su personalidad emocional, sus apetencias, sus errores (¡tantos!), sus apegos, ni siquiera las vivencias de su vida cotidiana: toda miseria desaparece misericordiosamente para converger en una pura Luz unificada en sí misma.

La psicoanalista Ana María Rizzuto explica este extremo místico desde el punto de vista de su disciplina y me parece pertinente que recuerde aquí su hipótesis: se trata de una experiencia de máxima concentración en la que parecería armonizarse al fin la conciencia racional con el subconsciente. Claro que en el fondo todo lo que voy esgrimiendo son maneras aproximadas de comunicar algo que desafía el discurrir del intelecto. Lo sé. Pero quiero dejar sentado que se trata de un estado de conciencia de máxima seguridad, reconciliación y júbilo, en cuyos umbrales sagrados nada ni nadie ajeno al Amor puro osan entrar. *Fons signata, hortus conclusus* [Fuente sellada, huerto cercado]. Pero, a pesar de ser un instante infinito cerrado en sí mismo, su consecuencia obligada es que nos abre al amor de los demás. Somos hijos de aquel instante sagrado. Y nos es obligado irradiarlo.

En medio del proceso de la iluminación tuve incluso la extraña certeza de que nunca había salido realmente de aquel espacio abismal de luz inacabablemente benévola, que me contenía y que era, a la vez, yo misma de manera participativa. Ya devuelta a este plano de conciencia tan estrecho, siento que siempre, de alguna manera que no alcanzo a explicar, aún me encuentro allí. Viví la unión mística como el regreso a un hogar largamente habitado, aunque, ya desde esta orilla, largamente añorado. Me parecía inconcebible incluso que hubiera podido estarme moviendo en un plano de conciencia que no fuera aquel. Esa es mi única Realidad verdadera. Todo es sueño, y cadena y exilio, salvo aquella Luz reconciliadora a la cual la conciencia «despierta» en un instante bendecido. La opaca realidad de este plano físico, con toda su diversidad y sus cuidados, habían quedado atrás. Carecer de uno mismo es la más alta gracia, y precipita la entrega cabal al Amor supremo. Sé de primera mano lo que es dejar *mis cuidados / entre las azucenas olvidados*.

Tampoco puedo describirlo, porque el lenguaje que uso es sucesivo, pero me cumple dar testimonio del hecho de que experimenté simultáneamente que ese mar de paz y de luz reconciliadora era también el *locus* o espacio —todo término es inadecuado— del despliegue de un conocimiento infinito del que mi alma iluminada se convirtió en gozoso testigo inmediato. El alma queda inundaba y sobreinformada de la Esencia de Dios. Ya sabe el lector que he tratado de sugerir esta vivencia recurriendo al recibidor palaciego de Abderramán en Medina al-Zahra', que remeda lo eterno en su incesante girar. Pues bien, mi conciencia había quedado «endiosada» —la frase intrépida, ya se sabe, no es mía sino de san Juan— y se tornaba ilimitada, incesante, gloriosamente inacabable. Ensanchada *ad infinitum* porque había entrado en la Eternidad. Hecha un mar sin orillas ni término de Luz y de Amor, quedé constituida en un *unending gift* [don infinito] a Dios, por usurpar las palabras de Borges. Realmente no hay manera de expresarlo. Pero sí puedo asegurar que en ese instante eterno no había conocimiento alguno en el ápice de mi alma que no fuera Dios; no había nada en mi alma que no fuera Dios. Logré pues saber de primera mano por qué Ibn 'Arabi afirmaba con certeza apasionada en sus *Iluminaciones de la Meca* que el esplendor de Dios quema todo lo creado que hay en nuestro ser, y todo lo diviniza.

En esta fulgurante vividura sobrehumana la creencia inmediatamente cede paso a la certeza. Se trata de una morada espiritual que ya no es desiderativa, sino rotundamente cognoscitiva. Ya lo había dejado dicho, pero necesito evocarlo aquí una vez más.

En aquel innombrable allí supe de manera infusa e inmediata acerca de la urdimbre del Amor que sustenta el universo y, de alguna manera que jamás podré articular, también tuve noticia —como anticipé— de los indestructibles hilos plateados de amor que me unían a cada una de las almas que había dejado en la mesa del seminario universitario. Y, por extensión, a la humanidad entera, a toda la creación. (He llamado «hilos de plata» a esta conexión amorosa y plenamente llena de sentido porque me falta el lenguaje; allí, ya se sabe, no hay imagen, solo conocimiento gozoso e instantáneo). Como si yo fuera un centro de conciencia infinito, merced a esta sapiencia ultramundana (pero ciertamente «saboreada») entendía simultáneamente todos los secretos y las consecuencias del entramado inconcebible del amor que me unía a todos estos seres, y a cada uno de ellos de manera única e intransferible. Fue precisamente por esta alta noticia infusa de nuestra conexión unitiva con los seres en el seno de Dios que me referí antes al *locus* místico inefable del desposorio espiritual, que constituye a su vez el eje sagrado donde se armoniza la suprema Unidad de Dios con el mundo creado. Nada queda excluido de esa suprema pacificación y concordia: asistimos a las nupcias de Dios no solo con su humilde criatura, sino con la creación entera. Esto implica que todos tenemos la responsabilidad inapelable de amarnos y de protegernos y de perdonarnos los unos a los otros. Después de saboreadas estas lecciones ya no es posible preguntar *for whom the bell tolls* [por quién doblan las campanas]...

Por todo lo dicho advertirá el lector que esta vivencia de la que vengo hablando aquí no puede ser estática, sino que sus lecciones están dotadas de un dinamismo inacabable. Me importa que se tome nota de este extremo una vez más, porque se trata de una de las modalidades del éxtasis que intenté expresar de manera simbólica sirviéndome de los colores danzantes del palacio de Medina al-Zahra' y del testimonio de otros místicos: las secretas noticias del Amor de Dios son incesantes, interminables y concomitantes. Todas están hermanadas entre sí, y con nuestra propia alma y con el alma de los demás. Imaginemos lo imposible: un caleidoscopio que no fuera sucesivo, sino que exhibiera sus diseños geométricos policromados *ad infinitum* y, por más, simultáneamente. Pues así fue *allí*.

Entendí pues, sin que pueda ser capaz de explicarlo, que estaba unida en amor a todos los seres, y unida a todos con Dios o, mejor, que estábamos unidos todos *en* el seno mismo de Dios. En el fondo, todos nos amamos *en* Dios. Sé que fuera de Su regazo estos extremos no se pueden comprender. Es como si todo este conocimiento abismal milagrosamente simultáneo entrara a raudales en el alma; a raudales, sí, pero suavemente, a manera de infinitos océanos de luz. *Océanos, océanos, océanos* de luz. Puedo afirmar con gozo que la herejía de la separación había cesado. Cada alma estaba unida a mí con su propia historia de amor inextricable y sin término, que ya mi memoria es incapaz de abarcar, ni mi mente racional de comprender, ni mucho menos mi palabra de articular. Entendí la lección última de la experiencia infusa de Dios: Su Amor lo sustenta todo y somos hermanos en un sentido mucho más hondo del que pudiéramos comprender en este plano de conciencia temporal. De ahí que san Francisco considerara que hasta los cuerpos celestes eran sus hermanos —*Fratello Sole* y *Sorella Luna*—, que la madre Teresa de Calcuta pudiera ver a Jesús en sus niños abandonados y que Whitman, que valoraba por igual la brizna de hierba que los astros, pudiera percibir un milagro misteriosamente fraterno en las humildes pupilas de los cerdos. Sin olvidar la confesión (desiderativa pero sagrada) de César Vallejo: había días en los que sentía «una gana ubérrima de querer [...] amando por igual al malvado y al muchachito inocente». Estamos todos *en* Dios, y nos movemos *en* Él siempre. (Irónicamente, esto lo supe en un espacio donde no discurría el tiempo). En aquel espacio innombrable se entiende todo de súbito, sin posibilidad alguna de disquisiciones teológicas inútiles. La razón, ya lo dije, cesa de ser operante. ¡Cuánto gozo no pensar, sino saber!

No cambiaría esta afasia por todos los versos del mundo. Como sé bien que me faltan palabras para seguir, pido prestado el pincel a mi admirada Ana Crespo para que me ayude a comunicar de alguna manera el dinamismo sobrenatural de aquella Luz blanca y danzante que todo lo reconcilia:

Ana Crespo, Serie *En el corazón del Rubí*,
«Grité, y en aquel grito ardí» (Rumi)

Podría añadir también que me fue dado comprender cómo era el simple y humilde acto de dictar una clase desde la óptica celestialmente reconciliadora de Dios mismo. Como si dijera: entendí desde el cielo cómo era dar clases en la tierra. Concebí de manera inmediata el alcance real de cada acto y la tesitura sagrada que comporta cada relación humana. Abracé *in divinis* la concatenación del cosmos y el sentido esotérico de las formas sensibles; la óptica divinal que los sufíes llaman *al-ʻarif bi-Llah*. Ibn ʻArabi se refiere a su vez a esta súbita habilidad que adquiere el alma de ver la realidad tal como la conoce Dios. Dicho de manera más sencilla: en ese instante sin tiempo tuve una visión «celeste» del amor que me unía a mis alumnos (y, junto a ellos, a todos los seres), y de lo que es el simple acto de enseñar, y por ende, de lo que realmente implica la consecución de la vocación personal: aquello que Teilhard de Chardin consideraba un altísimo estado de gracia. De ahí que, ya desde este plano racional de conciencia, pueda colegir también que cada acto, por simple que sea, está investido de un inmenso significado que solo podemos comprender desde la experiencia mística. Todo lo que hacemos siempre conlleva extraordinarias repercusiones espirituales. No quisiera imaginar las consecuencias que un acto negativo tendría en estos estadios suprarracionales en los que Dios nos abraza. Es grande pues nuestra responsabilidad. Concurro con Dorothee Sölle, que observa que la inefabilidad a secas no es suficiente para garantizar una experiencia mística auténtica, y reclama que esta nunca debe contradecir la ética. ¿Cómo no estar de acuerdo?

Dios se revelaba y se amaba a Sí mismo en el espejo cristalino, dúctil y obediente que había devenido mi alma y desplegaba ante mí todas Sus epifanías innombrables y sus secretos unitivos en vertiginoso cambio perpetuo: allí supe del amor en su estado absoluto, de la más alta sapiencia, misericordia, paz, seguridad, infinitud, eternidad, alegría. Sobre todo, alegría. Me avergüenzo de tener que usar el lenguaje, incapaz de contener la vivencia en su inimaginable riqueza. Pero la alternativa sería el silencio, y el lector ya sabe que he optado por compartir mi júbilo.

En este evento místico, inefablemente enérgico, las luces interiores de los reflejos divinos seguían expandiendo *ad infinitum* sus lecciones en el hondón de mi alma. La multiplicidad se disolvía en total indiferenciación, en unidad absoluta, en libertad sin límites, en amor sin fisuras. La conciencia se tornaba perfecta en su capacidad inimaginable de armonización, de transformación en el Uno. Como adelanté, todo mi ser profundo se plegaba para ir cambiando según atestiguaba las epifanías divinas que iba recibiendo: ser una con ellas era una manera —ya indecible— de plegarse a la voluntad de Dios, de ser realmente una con Él. De decirle, más allá de los labios, *Te amo con Tu propio Amor*. Allí se enuncia de veras y en todas sus consecuencias el *fiat voluntas Tua* [hágase Tu voluntad]; allí se entona en silencio una melodía de gratitud sobrenatural; allí *orar* es ya indiferenciable de *ser*. Ya somos plegaria pura.

Ya sé lo que es el cielo.

Me he estado refiriendo a la infinita variedad de epifanías que el alma recibe de Dios en el momento supremo de la unión. Pero importa recordar que esta reiteración a cada instante de eventos sapienciales —no digo imágenes ni conceptos, que allí, como el tiempo, no existen— no solo apunta a las noticias que Dios regala al alma, sino que estas noticias confluyen con la certeza de que el cosmos, con toda su atribulante multiplicidad y sus eventos, a menudo tan crueles que desafían nuestra comprensión, queda unificado en la Unidad de Dios. Como purificadas quedan también nuestras propias sombras. No empece me reitere, importa que celebre adecuadamente este extremo místico: en el Ser último todo encuentra sentido.

El receptáculo sublime de las epifanías de la Divinidad que es el hondón de nuestro alma en estado transformante constituye pues no solo el espacio del desposorio espiritual entre Dios y el alma, sino que es a su vez el eje sagrado en el que se armoniza la suprema Unidad de Dios con Su mundo creado. Como expliqué, en ese instante en cúspide entendí que todos estamos unidos en Dios, y que todo en el cosmos está unido a Él. De ahí que pudiera acceder de manera vivencial al sentido sagrado del saludo *namasté*: «saludo al Dios que hay en ti», que no es otra cosa que decir: «el Dios que me habita saluda al Dios que habita en ti». El ápice último del alma logra atestiguar la *coincidentia oppositorum* de la tierra y el cielo: lo que Ibn 'Arabi llamó con gran belleza el «espacio divino de la interconexión». Los místicos sienten, en efecto, que su vivencia resuelve para ellos el enigma del universo, aun cuando no lo puedan articular jamás ni mucho menos convencer racionalmente a los demás de esta Verdad supremamente consoladora.

Creo que, para fines de claridad, conviene que refine un poco más lo dicho en torno a la tesitura particular que tuvo mi experiencia. En el instante del éxtasis colapsaron completamente los sentidos y la razón, y cedieron su espacio a una forma nueva de conciencia que se abrió de súbito dentro de mí. Solo con esta *conciencia mística* fue que pude aprehender la infinitud inagotable del Ser último. Podría asociar lo sucedido con lo que Walter T. Stace llama en *The Teachings of the Mystics* una «experiencia mística introvertida», que «se dirige hacia adentro, introspectivamente, y encuentra al Uno en el fondo del ser». Lo digo porque en la «experiencia extrovertida», en cambio, el místico continúa percibiendo con sus sentidos físicos el mundo exterior, solo que ve los objetos o seres «transfigurados de tal manera que la Unidad resplandece a través de ellos». En aquel medio segundo, en cambio, el mundo exterior había desaparecido del todo para mí: comencé a operar desde otro nivel distinto de conciencia que estaba necesariamente divinizado.

Admito al lector que mi alma buscó siempre esta gran Verdad que solo sacia la experiencia mística transformante. Una vez, antes de experimentar yo misma el éxtasis, pregunté a mi amigo y mentor Ernesto Cardenal, con quien solía conversar de estas cúspides espirituales hasta muy poco antes de su muerte, cómo explicaba la multiplicidad agobiante y las circunstancias dolorosas del mundo a la luz de su propia experiencia, tan gozosa, de Dios. Recuerdo que le reclamé en especial por el sufrimiento, al parecer irredento, de los animales: acababa de ver la foto de un tigre en el momento de cerrar sus fauces hambrientas sobre el rostro de un monito aterrado. Con gran paciencia Ernesto me dijo: «no te lo puedo explicar, solo sé que en el momento del éxtasis entendí que todo estaba sustentado en el amor último de Dios, y que tenía sentido». Tampoco yo, como otrora Cardenal, puedo explicar este Misterio armonizante de cielos y tierra, pero aseguro al lector que fui expuesta a la gran verdad de la Unidad Suprema de Dios, que subsume y redime en Su Amor todos los míseros accidentes de nuestro desolador *samsara*, es decir, de ese mundo de congoja y miseria que por suerte sabemos transitorio.

Sé bien que soy incapaz de explicar la existencia de la injusticia o del mal en el mundo, tema álgido del que la teología y la filosofía se ocupan en la medida en que pueden. Solo soy una testimoniante de un don sobrenatural muy alto. Lo único que sé es que debemos ayudar a redimir las sombras —las nuestras y las de los demás— para conciliarlas con el altísimo Amor de Dios del que somos parte esencial y del que por unos instantes felices hemos podido tener noticia. Dios es un abrazo. Y en ese abrazo el alma tiene la posibilidad de atisbar la redención última por la que clama el universo.

En el instante del éxtasis iba descubriendo todo esto y mucho más de golpe, sin intermediarios y de manera inmediata y conjunta. Sé que reitero demasiado esta noción de simultaneidad, pero necesito conllevar con claridad la idea de una vivencia que parecería muy poblada e inconmensurable en su aparente extensión —de nuevo, la «baraúnda» de santa Teresa— pero que, sin embargo, estuvo fuera del tiempo, pues no tuvo ni antes ni después. Para mí fue algo así como un relámpago, por hacer mía la intuición de Ibn 'Arabi; a manera de un paroxismo espiritual en el que de súbito accedemos a los secretos más hondos y más luminosos del universo. Esta autorevelación divinal inesperada es una vivencia, en efecto, instantánea y a la vez eterna. Hemos quedado a salvo de tiempo. A salvo de nosotros mismos.

Pese a que yo misma he cantado la unión con Dios en versos cuajados de metáforas alucinadas e incluso nupciales, admito, de otra parte, que el trance extático realmente se asemeja más a un serenísimo estado de conciencia puro, a una nueva modalidad cognoscitiva de la cual somos investidos. En el fondo, muchos místicos hemos cantado al Amor infinito bajo la imagen de la máxima pasión que nos es dado experimentar, que es el amor, porque tanto el abrazo humano como el divino aspiran a la unión. Pero he terminado por dar la razón a Henri Bergson cuando afirma que el amor humano tomó el lenguaje del amor místico, y no fue el amor místico el que tomó el lenguaje del amor humano. Ante aquel Amor ilimitado con el que nos unimos de manera tal que terminamos transformándonos en Él, las nupcias humanas resultan un débil trasunto. Una sombra; apasionada y hermosísima, sí, pero sombra al fin, como reflexioné hace unos años:

Es más sencillo estar al margen del tiempo
que estar inmerso en el tiempo;

más sencillo no respirar
que respirar;

más sencillo saberlo todo
que no saber;

más sencillo ser el Amor
que simplemente amar.

La teofanía mística, que siempre es inenarrable, tuvo para mí la límpida sencillez de lo que los contemplativos orientales asocian con el misterio del nirvana, que más que un lugar o un estado, implica la Verdad que debe ser experimentada. Algo así como un fuego purificante pero terso que se extingue después de haber quemado el ego, la ignorancia, las pasiones, la diversidad confusa y separadora, la muerte. Menciono todo esto, por decir algo de la pureza esencial del éxtasis, ya que lo que me fue dado degustar fue totalmente refractario a cualquier fórmula verbal. No importa a cuál tradición religiosa se pertenezca, no hay quien pueda dar cuenta de ello.

Sé bien que lo que narro podría parecer dramático, por su exuberancia y contundencia, pero no existe nada más sereno y en el fondo más sencillo que ese océano de conocimiento sobrenatural que, como toda experiencia sagrada, me sobrepasó del todo. Recuerdo que lo viví como multiforme y, aun podría decir, metafóricamente, como multicolor, por conllevar algo del dinamismo inherente de una experiencia que estuvo ajena a toda imagen y a toda posible adjetivación. Y, a la vez, nada más centrante e inmóvil que Dios, pese a que Se despliega generosamente a su criatura como una fuente infinita de sabiduría y de gozo. No puedo decir nada de lo que aprendí allí, tan solo asegurar que lo aprendí para siempre. [...] y que acaso podría resumirlo en una sola palabra: Amor.

Vuelvo al recuento de las circunstancias en las que viví el éxtasis transformante en aquel seminario de literatura. De súbito, el estado alterado de conciencia gracias al cual accedí a aquella maravilla de conocimiento abisal en movimiento constante de lecciones infinitas cesó. Y fui devuelta a mi propio ser cotidiano, pero, eso sí, sabiendo que mi ser auténtico era el otro: el divinizado. Me encontré una vez más frente a los alumnos de aquel pequeño salón seminario del tercer piso de la Facultad de Humanidades. (Recuerdo que me había puesto de pie por un momento para explicarles mejor algunos puntos de la afasia mística de san Juan de la Cruz). Thomas Merton se quejó amargamente cuando tuvo que replegarse de nuevo en el estrecho espacio de su propia conciencia: *Heu, recidere in mea compellor!* (¡Ay, tener que replegarme una vez más dentro de mí mismo!). Pero debo admitir que en aquel instante aún no le di paso a la tristeza de quedar atrapada una vez más en mi propia corporeidad y en las coordenadas trágicas del espacio-tiempo. No: contra lo esperado, con toda tranquilidad retomé el hilo de lo que había estado explicando y terminé la clase. Es que no hay nada más apacible que la experiencia mística.

Nadie parecía haber advertido lo que me acababa de acontecer, salvo una alumna, que se quedó sentada en la mesa rectangular del seminario mientras sus compañeros se alejaban. Silgia Navarro era alguien muy especial para mí, pues habíamos estudiado juntas y compartido nuestros intereses espirituales durante años y ahora, algo tardíamente, se estaba doctorando. Por eso se encontraba en el curso y de compañera pasó circunstancialmente a ser mi discípula. (Uso su nombre por su permiso expreso). Silgia me dijo entonces, con actitud sosegada y sabia, muy como es ella: «me he quedado porque sé que has tenido una iluminación espiritual, y fue una experiencia tan fuerte que me sentí arrastrada por ella». «Sé bien que estuviste en la presencia de Dios». «Vi cuando levitabas» —así lo dijo, literalmente— «y luego cuando descendías de nuevo con el rostro lleno de luz. Miré a los compañeros del curso pero no parecían haber advertido nada. Pero me quedé para que supieras que fui testigo de lo que viviste». (¿Será que *it takes one to know one* [«hay que ser uno de ellos para reconocerlos»]?). Lo cierto es que mi amiga y yo hemos continuado compartiendo nuestra complicidad espiritual por décadas, pues también ella había experimentado la iluminación. Ojalá lo ponga por escrito algún día. Debo comentar que no es inusual que alguien se sienta arrebatado por el éxtasis de otra persona, máxime cuando la cercanía de almas es muy grande. Recordemos el caso de los místicos del Carmelo, donde esta empatía mística era usual.

Tardé décadas en asumir lo sucedido. Nadie merece una gracia tal, y mi propia condición de estudiosa del fenómeno místico comparado hizo que me fuera particularmente difícil acceder a la aceptación plena de lo sucedido. Admito que tuve una notable resistencia psicológica: asumir de veras la unión mística transformante implicaba nada menos que cerrar filas con los místicos de todas las épocas y culturas: los mismos que eran motivo de mis cursos universitarios y de mi admiración devota. De verdad: *Domine, non sum digna* [Señor, no soy digna]... Muy de verdad.

Sospecho que mi estupefacción era particularmente intensa porque podría guardar relación con el pudor exagerado que he sentido siempre ante el despliegue público de mi propia espiritualidad. Cuando era aún una niña preescolar solía esconderme en el jardín de mi casa, lo más oculta posible entre la exuberancia tropical, para unir mis manitas en oración. Ahora, al paso de tantos años, reconozco que me estaba sumiendo instintivamente en una oración contemplativa, ya que no oraba plegarias rituales ni pedía nada a Dios: simplemente me recogía en silencio y sin mediar palabra ante Su presencia. Curiosa oración para una criatura de cuatro años que acababa de aprender a orar de memoria el Padrenuestro, pero que elegía no orarlo en sus momentos íntimos con Dios. Una vez mi padre me sorprendió orando a escondidas mi plegaria silente, y me bromeó con su entrañable ironía no exenta de cierto asombro: «¿Quién es ese angelito que está rezando ahí?». Al acto salí corriendo a esconderme, mortificada, humillada, expuesta y avergonzada. Recuerdo vívidamente la rapidez de mi huida porque esa incomodidad frente a la exposición pública nunca se me ha extinguido del todo. Me ha tomado el curso de toda una vida comenzar a superarla, por lo que ya asumirá el lector el esfuerzo que constituye la escritura de estas páginas confesionales que tiene en sus manos. Aunque este no es el espacio de extenderme en intimidades psicológicas, entiendo que ese prurito de secretividad coadyuvó a que, involuntariamente, tardara mucho —acaso, demasiado— en dejar florecer la experiencia mística que me fue dado experimentar ya en mi vida adulta.

Varios maestros espirituales me fueron orientando a lo largo del camino espiritual y me ayudaron a comprender sus secretos y sus misterios: dos sacerdotes y un maestro sufí. A su magisterio impagable añado el acompañamiento solidario de varios compañeros de camino espiritual junto a quienes también he ido creciendo en las sendas del alma. Considero, sin embargo (aunque pueda extrañar a algunos), que el diálogo terapéutico que sostuve por una larga temporada en Boston fue decisivo para permitirme aprehender de lleno y en todas sus consecuencias mi vivencia sobrenatural. Había muchos temores que superar, muchas cosas que entender para una mujer laica como yo, que se enfrentaba a experiencias que entonces consideraba propias de monasterios antiguos o de santos canonizados. Si no apostrofamos nuestros miedos emocionales no estaremos listos para formarnos con provecho con directores de almas enterados. Estando en Boston consulté pues a la doctora Ana María Rizzuto, una prestigiosa psicoanalista que estaba, para mi fortuna, muy abierta a aceptar como legítimas estas vivencias suprarracionales. (También me ha autorizado a usar su nombre). En sus publicaciones profesionales, como supe mucho más tarde, la doctora Rizzuto revisa la posición de Freud, que consideró la experiencia mística «oceánica» como una vivencia regresiva que corresponde al período más temprano del desarrollo del niño. Era pues la persona más idónea para trabajar mi caso.

Acordamos pues, al margen de lo que el parco Freud postulaba para los casos de las vivencias sobrenaturales, que las exploraríamos juntas para asegurarnos de que las pudiera vivir con naturalidad y salud mental y les pudiera sacar el mayor provecho posible. Recuerdo que en una de las primeras sesiones la psiquiatra me pidió que dibujara a Dios y que añadiera luego, en el margen derecho de la hoja, una palabra para describir cómo lo percibía. Como supe más adelante, era una técnica que la doctora Rizzuto usaba con los pacientes que había entrevistado para su estudio *The Birth of the Living God* [*El nacimiento del Dios vivo*], donde explora cómo el niño va armando su imagen de Dios desde la más tierna infancia. Hice algo muy curioso cuyo significado me sería dado comprender poco a poco: tracé un círculo, dentro del cual escribí el nombre escueto: «Dios». Luego dibujé rayos de luz que emanaban en todas direcciones del círculo que encapsulaba la palabra sagrada y central. Contrario a los dibujos que los pacientes de mi terapista solían hacer para significar la Divinidad, no osé «pintar» a Dios ni darle figura alguna. Instintivamente, le sustraje cualquier asomo de bulto o imagen. Al margen derecho, describí la Divinidad como *OVERWHELMING*; así: en grandes letras. Ahora caigo en la cuenta de que, como Pascal, aumenté el tamaño de las grafías para significar la magnitud de mi avasallamiento ante la experiencia directa del Dios vivo. Conste que aún no había leído su *Memorial*: se trata de reacciones instintivas; de seguro, universales. Escribí el inesperado adjetivo, de otra parte, en inglés, pese a que durante la terapia la doctora psiquiatra y yo siempre hablábamos en nuestra lengua española vernácula. Es que no encontraba —ni aún encuentro hoy— una palabra mejor para describir la experiencia fruitiva de Dios que esta voz inglesa tan expresiva, que conlleva con claridad la noción de desmesura, de algo que nos sobrepasa del todo. *Overwhelming* me gusta más que «avasallante», «apabullante», «desbordante», «sobrecogedor», «extraordinario» o «abrumador», en español. Curiosamente, muchos años después de los hechos que estoy narrando, también Borges se habría de servir del mismo adjetivo *overwhelming* para aludir a su propia vivencia mística en la entrevista que otorgaría a Willis Barnstone al cumplir 80 años. Hoy veo cómo aquel adjetivo sobredimensionado, que delataba un estado de sobrecogimiento muy hondo, y aquel sencillo esquema circular, a manera de modesto arabesco cuyo dinamismo envolvente intenté sugerir con rayos emergentes, guardan relación directa con la simbología arquitectónica oriental de la que me he servido para ayudar a conllevar al lector algo mi vivencia mística.

Aquel esquema espontáneo, trazado con premura y candor instintivo en un consultorio de Boston, delató otra verdad estremecedora que me había costado mucho esfuerzo asumir: a nivel subconsciente, sí sabía que había vivido una experiencia mística transformante, aunque la llamaba «iluminación» a secas porque no osaba ponerle aún el ominoso adjetivo de «mística». Probablemente pensaba que ese término «iluminación» —el *satori* del budismo zen o el *samadhi* del hinduismo— era menos comprometedor que la noción, tan rotunda, de «experiencia mística». Bien que esa unión que experimenté fue «por participación», por decirlo una vez más con las palabras cautas de san Juan de la Cruz, ya que la Divinidad siempre sobrepasa infinitamente a la indefensa criatura humana con la cual tiene la misericordia de unirse. No es tan solo que en mi fuero más íntimo tuviese clara la idea de que había encontrado a Dios dentro de mí, como ya he referido antes al lector: es que sabía que era parte de Su Esencia sagrada, por más que me costara asumirlo plenamente una vez devuelta a este plano de conciencia. Pero esta transformación en Dios, ya se sabe, es un *sine qua non* de la experiencia teopática auténtica.

Las escasas veces que relataba mi experiencia —o lo que me era posible referir de ella— siempre explicaba que me había sentido convertida en un centro de recepción y de sabiduría inacabable en el momento de la iluminación, como si la conciencia se me hubiera ensanchado *ad infinitum*. Con todo, cuando dibujé el círculo contenedor para expresar cómo «concebía» al Ser Supremo, lo que coloqué en el centro fue la palabra «Dios». Fue mucho después que me atrevería a asumir que en ese instante sagrado también yo participaba de esa Esencia innombrable y sin imagen que había insertado en el modesto esquema circular, pues en ese espacio supremo de reconciliación con Su criatura, Dios comparte ciertamente Su Esencia con ella, y lo hace en un intercambio secretísimo que a nadie le es dado poner en palabras. En el fondo, el círculo dibujado contenía a Dios, pero igualmente me contenía a mí misma. Admito que tardé muchos años en asumir ese *Mysterium tremendum* que de alguna manera recóndita ya mi alma profunda (o mi subconsciente) sabían.

También me parece significativo mi afán de trazar un círculo protector para que contuviera el espacio de la unión deificante. Acaso de este austero círculo sobre el papel nació a la larga mi fuente circular de mercurio, representativa de Dios y el alma en unión participante, que tardaría tantas décadas en concebir como símbolo místico. La interpreto, igual que entiendo ahora mi sencillo círculo pionero, como el *locus* de la transformación en Uno. Es que, como dije, solo Dios y el alma entran en este no-espacio sagrado. *Aminadab tampoco parecía*. En el fondo, ya yo era aquello mismo que estaba amando en medio del abrazo transformante, protector y protegido. Al fin había podido saborear el sentido verdadero del verso tantas veces repetido: *Amada en el Amado transformada*. Si no hubiese sido así, no hubiera podido atestiguar el universo con el lente infinito y eterno que solo a Dios le es dado poseer. Tal es el abrazo que el Amor Supremo nos da más allá de las estrellas: *implacable, impasible, imposible, indecible*.

Pasados muchos años, me animaría a insinuar en verso el inconcebible misterio del *Unus/Ambo* o de la Bi-Unidad:

> Cuando me anegué gozosa
> en el abismo insondable de Tu foso de luz
> celebré al fin la alquimia misericordiosa
> de cuando el dos finalmente es Uno,
> las extrañas nupcias
> de cuando el dos ya no es más.

Esta unión infinita le permite al alma constituirse en el espejo de la Divinidad, que manifiesta Su sabiduría dinámica en el centro mismo de nuestra esencia ya divinizada. Insisto en que es imperativo que nuestra alma ya esté divinizada; si no, no hay encuentro místico posible. Estamos hechos a imagen y semejanza de Dios y solo en un instante unitivo de este calibre es que lo podemos atestiguar directamente. Es Dios, sé que ya lo he dicho, quien nos inviste misericordiosamente de Su propio Ser. Si Dios mismo no nos «presta» o nos «inviste» por un instante indecible de Su Esencia sin término, sencillamente con estos ojos terrenales jamás podríamos «verlo». Nuestros ojos humanos no operan en estos extremos de conciencia. Acabo de usar, lo sabe el lector, un verbo harto inadecuado para referirme a Dios: ya también he insistido antes en que no podemos «ver» al Uno infinito porque no tiene imagen, pero no tengo otro remedio que seguir sirviéndome de la palabra humana para testimoniar de alguna manera lo vivido. Solo me es dado afirmar que en ese instante se nos extingue la posibilidad de enunciar el «Tú»:

Desaparecen el invocante
y el invocado:

llegué a Tus brazos.

Sigo intentando explicitar este Misterio unitivo que dejé testimoniado en mi mandala circular primigenia. Lo hago aquí de manera muy sencilla, que probablemente hubieran entendido en sus propios términos las monjas que santa Teresa dirigía en los caminos del alma. Imaginemos que tuviéramos que acudir a Palacio ante la presencia de un gran Rey. Sería impropio presentarnos ante él con nuestras vestiduras modestas e inadecuadas, que más bien son harapos; por lo que el propio Rey, en un acto de generosidad inusitada, nos presta sus vestiduras reales. Al colocárnoslas, advertimos que resplandecen con delicadísimos destellos de una Luz pura que no cesa jamás: nunca nos había sido dado vestir nada igual. Ahora sí es que estamos listos para entrar en la compañía del Rey. De otro modo no hubiéramos podido acudir a Su presencia:

Me vestiste de Ti mismo
para poderme amar,
pero me quedaba grande el vestido.

Entonces lo ajustaste compasivamente
a mi medida
que en un abrir y cerrar de ojos

fue sin medida.

Quisiera llevar aún más lejos este extremo participativo de la unión mística que vengo tratando de asediar desde distintos ángulos. Todos los enamorados (y los místicos no son sino enamorados en grado superlativo) reconocen que el norte último del amor es la fusión total con el objeto amado, el cese de la dualidad y de la herejía de la separación. Por cierto que Petrarca lo dejó dicho mucho antes que san Juan de la Cruz: en la culminación última del amor, *l'amante ne l'amata si trasform[a]* [el amante en la amada se transforma] (*Triumphus cupidinis* III, 151, 162). Para acceder a esta transformación amorosa, intuida en el amor neoplatónico pero experimentada plenamente tan solo en el éxtasis místico, hay que rendir el ser. Obliterar el ego, dirían los teólogos. Es por eso precisamente que en los momentos culminantes del amor se intuye la muerte: el *eros* y *tánatos* son imposibles de disociar en la vividura amorosa extrema. De ahí que a muchas personas les dé miedo el enamorarse de veras: es mucho lo que está en juego cuando nos entregamos de manera tan rotunda que nos perdemos para nosotros mismos para pasar a vivir en otro. En la esfera de las nupcias físicas la transformación en uno de los enamorados es, como a todos nos consta, imposible, porque la carne, como recuerdan expertos en amores como Lucrecio y Marsilio Ficino, es separadora. Solo nos consolamos con Dios, porque es, aunque parezca difícil de asumir, con quien único nos podemos unir totalmente. El único que colma nuestra sed de amar, que es tan infinita como el hondón de nuestra alma. De eso precisamente es que he estado intentando hablar al lector, no sé con cuánta fortuna.

A ver si otros místicos vienen en mi ayuda. Vale recordar que los sufíes se sirven de símiles sugestivos para aludir de alguna manera a la alquimia sagrada de esta cúspide epifánica en la que lo diverso se resuelve en Unidad en aquel no-lugar donde el tiempo carece de sentido. De ahí, por ejemplo, el simbólico pavo real, que despliega las brillantes plumas de su cola tachonada de círculos de luz, celebrando la diversidad fundida dentro de la unidad. Por el mismo camino simbólico iba el persa 'Attar de Nishapur, quien acuñó en el siglo XII el símbolo del Simurg, que Borges reescribió a su vez en el siglo XX con buen conocimiento de causa. El poeta de Nishapur cuenta en su célebre tratado *La conferencia de los pájaros* cómo cientos de aves de brillante pluma deciden ir en busca de su Simurg o «Pájaro-Rey». Atraviesan geografías escarpadas y mares traicioneros a lo largo de miles de años de vuelo penosísimo, hasta que quedan reducidos a treinta aves. Al fin los treinta pájaros sobrevivientes logran acceso al palacio del Simurg, y en el instante en el que se va a producir por fin el encuentro prodigioso, descubren la maravilla: ellos mismos eran el Simurg que con tanta pasión habían buscado. Es que en persa, *Si-murg* significa «Pájaro-Rey» pero también «treinta pájaros». Por más, las aves advierten en su instante epifánico que el arco iris de su plumaje multicolor colectivo se disuelve porque era en el fondo uno solo, ya que su encendida multiplicidad cromática estaba contenida en un único color: la luminosa transparencia de la máxima Unidad de Dios. Al fin los pájaros peregrinos lo saben: nuestras almas en búsqueda confluyen todas en Dios, por diversas que sean.

Para explicitar este mismo misterio ontológico, los sufíes también hablan de un pájaro que tiene todos los colores, pero ningún determinado color, como el *pájaro solitario* que cantó san Juan de la Cruz en la misma clave cromática de sus hermanos del islam, que usaron el mismo símil del desasimiento propio de la unión transformante siglos antes que nuestro poeta. (Lamento que el *Tratado de las virtudes del pájaro solitario* haya desaparecido sin dejar rastro, pues nos hubiese dado claves cruciales del pensamiento místico del santo). No olvidemos tampoco los simbólicos ojos de Layla, la legendaria amada de Machnún, en cuyo iris danzaban todos los colores, si vamos a dar fe al embriagado Shushtari. Los contemplativos del islam se sirvieron durante siglos de la pareja beduina —contrapartida árabe de Romeo y Julieta— para metaforizar la unión de Dios y el alma.

Desde la India, Meher Baba parafrasea a su vez la misma lección milenaria de la fusión con el Todo en *The Everything and the Nothing* [*El todo y la nada*]. Su testimonio me es útil para seguir ilustrando el milagro unitivo de la mano de quienes también lo han vivido:

> Cuando la unión se logra, el amante sabe que todo el tiempo él era el Amado que tanto amaba y con quien deseaba unirse [...]
>
> ¡Lograr la unión es tan terriblemente difícil porque es imposible venir a ser lo que ya se es! La unión no es otra cosa que el conocimiento de uno mismo en el seno de la Unidad sagrada [...] El aspecto humorístico del juego de amor divino consiste en que aquel a quien se busca es, a su vez, el mismo que busca.

Muchos embriagados del amor del sufismo como Bistami y Mansur Hallaj aludieron a la misma entrega jubilosa de la mismidad exclamando *shatt*, o dichos emitidos bajo los efectos desconcertantes del trance amoroso. (San Juan, ya lo sabemos, los habría de llamar «dislates» en su propio caso). Sintiendo, en su éxtasis, que se había transformado en aquello mismo que estaba en proceso de conocer, Bistami parecería reclamar para sí una auto-alabanza lindante en la herejía al exclamar *subhani* —«gloria a mí»—, en lugar de *subhan Allah* —«gloria a Dios»—. Pero no hacía otra cosa que apuntar al eterno milagro de la metamorfosis amorosa, como su compañero de camino Hallaj, quien osó celebrar la unión teopática con una frase que ha devenido célebre en el misticismo islámico, *ana l'Haqq*, que podemos traducir por «yo soy la Verdad [Dios]». Por sus extremos teológicos y sus valientes reclamos a favor de la justicia social fue crucificado, pese a que hoy muchos teóricos modernos suavizan los alcances de lo que quiso expresar este gran contemplativo que en su éxtasis unitivo supo que participaba momentáneamente de la Esencia divina.

Los místicos cristianos soslayan, como se sabe, cualquier extremo de aroma panteísta: de ahí que san Juan de la Cruz, como he dicho ya, glose cautamente su osado «amada en el Amado transformada» explicando que el alma, aunque en efecto se «deifica» o «endiosa» (Ll 1,35), se convierte en Dios por unión participativa (*Subida* II,5,7). Concurro con mi poeta místico por la tesitura de mi propia experiencia transformante. Es Dios quien opera el prodigio de la unión, somos sus criaturas y Su humilde sombra, y no merecemos un don tan alto. Pero cuando Él quiere nos transforma en Su propio Amor para que entendamos algunos de Sus felicísimos misterios, insondables para la débil razón humana. Es a manera de un abrazo sin límites, completamente indescriptible pero infinitamente dulce. Esta ventana que Dios nos abre con su compasión infinita, por efímera que sea, basta para toda una vida. Y es que, en el fondo, necesitamos toda una vida en asumirla. *Quien lo probó lo sabe.*

No resisto la tentación de servirme una vez más de mandalas a manera de arabescos para intentar ilustrar de alguna manera este misterio de la unión mística participante. Ya tiene noticia el lector que lo dejé insinuado de manera espontánea en el dibujo circular esquemático que emanaba rayos de luz que tracé hace ya tantos años para mi terapista, y que contenía la palabra —no la imagen— de «Dios». Hoy, como expliqué antes, soy capaz de comprender mejor el significado de mi modesta «mandala», porque realmente no era una «descripción» de Dios, sino un esquema místico de la unión con Dios, que retrocedía instintivamente ante la «blasfemia» de darle forma a la Deidad. Este boceto «primitivo» y «pionero» de mandala marcaba mi propio proceso de ir entendiendo qué realmente me había pasado en el instante de la iluminación. El diseño, pese a su carácter elemental, está emparentado, como he advertido al lector, con la fuente circular de mercurio del recibidor policromado y giratorio de Medina al-Zahra'. También con los arabescos de los que me voy a servir a continuación para intentar una vez más comunicar de alguna manera la experiencia unitiva.

Como dije, en el centro de mi antiguo dibujo circular simbólico estaba Dios, cuya esencia había compartido en el instante unitivo. Pero también aclaré que, cuando hablaba de mi iluminación, explicaba que me había convertido en un centro de recepción infinita. Luego, yo no era «yo» a secas; sino que era «yo» en Dios. Devenida infinita. De esta unión —y solo gracias a ella— nació la posibilidad de atestiguar los atributos o altas noticias de la Esencia divina, que eran parte intrínseca de la experiencia, y que intenté insinuar con los rayos de luz que emanaban del centro —centrífugo y a la vez centrípeto— de mi mandala esquemática. Los arabescos me parecen de particular utilidad al momento de intentar sugerir algo de esta transformación del alma en Dios porque parecerían irse revelando paulatinamente a sí mismos desde su centro de gravedad, del cual irradian las distintas figuras geométricas que se expanden a su alrededor con ritmo acompasado. También cabría añadir que cuando el alma está transformada en Dios, irradia de su centro en todas las direcciones, como si quisiera alcanzar con su gozo todas las dimensiones de la realidad. Este centro de gravedad místico guarda relación de parentesco con el círculo sencillo que tracé instintivamente, en el cual encapsulé la palabra «Dios», pero entendiendo que también correspondía a mi alma en estado de unión con Dios, en danza concomitante con sus manifestaciones eternamente dinámicas. Otro tanto el círculo de la fuente de mercurio, que abrazaba el proceso místico transformante, con todas sus infinitas, inmensurables, variopintas noticias, en su generoso azogue líquido.

Conviene ahora que pongamos los ojos en el centro de la mandala o arabesco, como otrora pedía santa Teresa para dar a entender que su metafórico palmito era el resumen abreviado de sus siete castillos concéntricos. Ya fija la mirada en la médula central del arabesco, donde simbólicamente se dan las nupcias de Dios con el alma, veremos que cada círculo que rodea a su vez este centro luminoso queda encapsulado por otro círculo que lo abraza, de diseño distinto, y este por otro y por otros sucesivos: los cambios constantes de diseño dan la impresión que podríamos estar ante un proceso de dinamismo interminable y reiterado *ad infinitum*. Es como si los círculos concéntricos siempre renovados revelaran la vivencia infinitamente novedosa que irradia del centro del alma unida a Dios. Son a manera de las manifestaciones con las que la Divinidad se revela a Sí misma en el alma que ya es suya. Por eso los círculos caleidoscópicos dan la impresión de que abrazan con su belleza la cúspide del alma en éxtasis; que nacen de esa misma belleza y forman parte de ella. Constituyen parte misma del proceso del éxtasis, pues simbolizan abstractamente las revelaciones simultáneas que Dios va haciendo de Sí mismo en el alma que goza de Su abrazo ultramundano. De ahí que la fuerza de atracción que los une al centro sea indefectible. En el fondo, el círculo del arabesco, como la fuente de mercurio, debería incorporar en su centro toda la danza cromática y geométrica de los diseños que abraza, pues la experiencia transformante es toda Una. No hay allí nada paulatino ni ningún desplazamiento espacial, pues todo es un relámpago de luz. Lamento que mi débil explicación sea secuencial: no es posible diseñar estos procesos, como tampoco es posible hablar de ellos.

No se me oculta que muchas culturas se han servido de mandalas circulares para expresar el éxtasis unitivo. Así sucede, como habrá inferido el lector, en el arte sagrado islámico, que suele representar la vivencia innombrable a través de la geometría y el ritmo, de los arabescos y la caligrafía. Es justo recordar que teóricos como Frithof Schuon, Titus Burckhardt, S. H. Nasr, Keith Critchlow, Wasmaa' Chorbachi y J. M. Sánchez-Darro han explorado a fondo la asombrosa complejidad de estas estructuras simbólicas que creadores contemporáneos como los mismos Chorbachi y Sánchez-Darro han actualizado en su arte. En mi propio caso, me atengo a lo esencial: las figuras que adjunto para ayudarme en mi difícil intento comunicativo muestran unos diseños que van, como señalé, de la periferia al Centro. Entiendo que la unión participante centra al alma en su Origen y derrama sobre ella las altísimas noticias de Dios —las *mazahir* de los sufíes— que despliegan su belleza sapiencial sobre el hondón del ser, iluminado en medio de las nupcias transformantes. En las mandalas o arabescos, estas noticias divinales parecerían fluir gozosas en derredor del Centro pero, realmente, son parte de ese mismo centro.

Adjudico a los diseños geométricos otro sentido místico simultáneo, ya que representan a su vez el instante en el que Dios abraza en Su seno a Su criatura y con ello, a la creación entera. De ahí que los simbólicos diseños de las mandalas ilustren a su vez el camino de lo relativo a lo Absoluto, de lo finito a lo infinito, de la multiplicidad a la Unidad. Este Centro de gravedad, símbolo de la unión mística, trasciende y a la vez unifica los *vestigia Dei* o las distintas formas representativas de lo creado. Se trata pues de movimientos centrífugos y centrípetos a la vez: la Unidad reclama hacia su Centro lo creado y lo creado suplica la vuelta al Origen.

Note el lector que privilegio esquemas sin figuración humana: no he querido ilustrar la vivencia con mandalas tibetanas, porque suelen contener en el centro al Buda copulando con su consorte (símil sagrado de una unión mística). Prefiero dejar la sugerencia más escueta. He aquí pues algunas de estas mandalas ilustrativas con las que invito al lector a intuir la tesitura danzante e inimaginablemente alegre de la experiencia unitiva.

José Manuel Sánchez-Darro, *Cielo Abencerrajes*

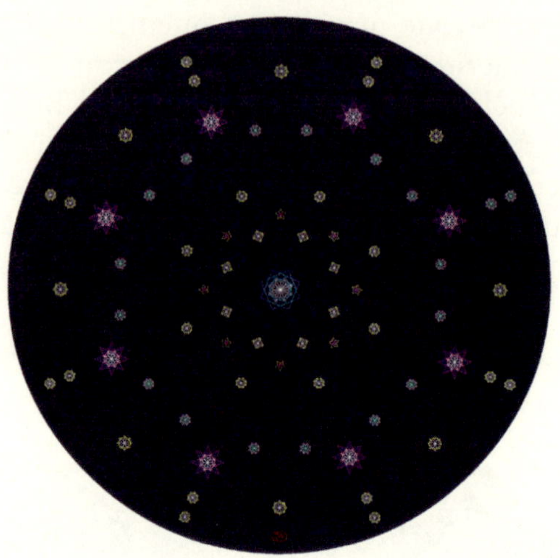

José Manuel Sánchez-Darro, *Cielo estrellado*

Las últimas mandalas son de Sánchez-Darro, y añado que su delicada constitución estelada me evoca la esencia transcorpórea del éxtasis. He aquí otra de sus figuras en forma de estrella, que me sugiere a su vez la expansión y la contracción propia de la unión transformante:

José Manuel Sánchez-Darro, *Espacio de la melancolía*

Vaya por último esta cerámica de la autoría de la artista iraquí Wasmaa' Chorbachi, que a su vez ha teorizado largamente sobre los misterios divinales ocultos en las simetrías de los patrones geométricos islámicos insertos en sus obras plásticas. Aquí el centro dorado representa, una vez más, la Unidad primordial, sugerida en forma de sol, *leit motiv* recurrente en el arte sufí para representar la Deidad. La artista disimula sus trazos caligráficos entre los diseños geométricos de la pieza, pero estos exclaman repetidamente «gracia, gracia» —*baraka, baraka*— mientras danzan ebrios de gozo irradiando del Sol central. Estamos ante una versión artística espléndida de la afasia del místico que ha devenido mudo de asombro y de dicha. La delicada caligrafía árabe, que oculta sabiamente sus trazos y, por lo tanto, lo que expresa, deviene sagrada porque representa el lenguaje inarticulable del Dios vivo —o de quien ha experimentado fruitivamente al Dios vivo. Porque el ojo no podría ver el sol si no fuera ya, en cierto modo, el Sol:

Wasmaa' Chorbachi, *Cerámica con caligrafía*

Hace muchos años, cuando me encontraba estudiando en el Líbano, el maestro Mijail Na'imy, filósofo, biógrafo y compañero de celda conventual de Jalil Gibran, trató de sugerirme sus propias experiencias místicas con dibujos geométricos. En aquel momento me extrañó mucho el intento comunicativo que el contemplativo había elegido, y confieso que tardé más de veinte años en comenzar a entender lo que realmente me estaba queriendo explicar. Aún yo no había experimentado la vivencia teofánica, y estaba muy lejos de saber que yo misma habría de servirme algún día de mandalas de este tipo para ilustrar de alguna manera mi propia experiencia espiritual.

A medida que escribo sigo tanteando maneras de expresión para aclarar lo dicho: acabo de ir a encender una vela —pido continuamente a Dios que me ayude en esta escritura, para mí tan ardua— cuando de repente advertí que el juego de luz y sombra que producía el portavelas translúcido en forma de flor de loto que tengo en mi espacio de meditación me estaba evocando la misma hermosura estructurada que impele hacia el centro porque nace de él, sugiriendo así lo ocurrido en el hondón último del ser. Inesperadamente, percibí que mi vela encendida se me había convertido en una aleccionadora mandala o arabesco místico. Creo que es de propósito compartir la imagen porque evoca una vez más el éxtasis en toda su luminosidad centrípeta y reconciliadora:

Velero de la India (Luce López-Baralt)

Admito que hoy me es dado compartir el significado esotérico de estas mandalas con algo más de conocimiento de causa, pero cuando dibujé para mi terapista en Boston el modesto boceto «místico» lo hice de manera espontánea. La introspección de muchos años me ha ayudado a comprender por qué no osé encapsular en su centro circular ninguna imagen «gráfica» de Dios. Mi antiguo diseño geométrico delataba ya el respeto propio de quien ha experimentado a Dios *boca a boca*, es decir, de manera directa y ajena a toda imagen. Y ello, a despecho de todas las imágenes de las que me he ido sirviendo aquí para intentar comunicar la experiencia transformante. Pero le recuerdo al lector —lo he hecho ya tantas veces— que en aquel sagrado *allí* nunca las hubo.

No deja de ser curioso que, al contener el nombre escueto de Dios en un círculo aislador del cual irradiaban rayos de luz, venía a coincidir, sin saberlo —y otra vez más— con expresiones artísticas sufíes. En algunas de sus piezas, la citada artista Wasmaa' Chorbachi, por servirme de un ejemplo, envuelve en círculo el nombre sin imagen posible de Allah, y luego rodea la caligrafía con trazos geométricos simétricos que emergen del nombre sagrado.

La experiencia totalizadora del Uno que todo lo unifica y contiene ha sido expresada una y otra vez en imágenes circulares: imposible que el lector no haya recordado en este sentido la ilustración de la Gloria con la que Gustav Doré ilustró la *Divina Comedia* de Dante. Demás está decir que no la tenía en mente al momento de dibujar mi mandala instintiva, tan desnuda de detalle, en el contexto de la terapia psicoanalítica, pero como intenta expresar un mismo Misterio, vale la pena evocarla también aquí. Ello, no sin advertir que Doré dota su círculo celestial de delicadas imágenes de ángeles de desdibujada forma humana: pese a su grácil hermosura, yo las hubiera borrado instintivamente para que ninguna forma física contradijera la pureza de la experiencia transcorpórea:

La Gloria de Gustave Doré

Después de este largo *excursus* que ruego el lector me perdone, regreso una vez más a mi testimonio personal. En el contexto terapéutico había convenido con la doctora que le hablaría acerca de las distintas experiencias espirituales que había vivido al margen de la teopoiesis. (Me refiero a los carismas menores, sobre los que habré de escribir con detalle en el futuro, pues es oportuno diferenciarlos de la vivencia mística). Explorando pues este generoso muestrario de vivencias extrasensoriales me llegó el momento de trabajar terapéuticamente lo que daba en llamar mi «iluminación». Sabía instintivamente que esta vivencia de Dios era la más importante de todas.

A medida que iba describiendo con pormenor lo sucedido a la psicoanalista, osé articular verbalmente lo sucedido por primera vez: había tenido una experiencia mística en toda forma. Cuando uno habla, ya se sabe, se aclara a sí mismo las cosas, de ahí que el proceso del diálogo suela ser tan curativo. Había tardado en asumir plena y frontalmente lo vivido, pero, una vez lo hice, la vivencia sobrenatural comenzó a florecer en mi alma con ímpetu inesperado, como un loto abriente que surge victorioso del cieno. Al fin pude comprender, en todas sus consecuencias y con el máximo provecho, las enseñanzas que mis maestros espirituales me daban en torno a la vivencia unitiva. Me había intimidado tanto ser «mística» que me fue difícil aceptar sin ambages el don recibido. Conste que no estoy sola, porque la mismísima santa Teresa sintió una sensación de vergüenza no del todo ajena a la mía: al comenzar a explicar sus séptimas moradas, confiesa sus reparos: «me parece que han de pensar que yo lo sé por experiencia, y háceme grandísima vergüenza, porque, conociéndome la que soy, es terrible cosa» (*Moradas* VII, I, 2). Por cierto que su maestro san Juan, tanto más resguardado y, sobre todo, más apretadamente teórico en su prosa teológica, nunca admitió sentir pudor de ser considerado místico. Si lo sintió, no nos lo dijo, aunque cualquier lector avisado es capaz de advertir que el santo reflexiona sobre experiencias vividas muy de cerca. La parquedad emocional de su prosa, tan distinta de los dislates de sus versos, debe guardar relación con la retórica teológica masculina al uso, tan distinta de la femenina, tanto más cálida y más abierta. Y, por cierto, tanto más necesitada de justificación. Confieso que aquí me siento más cerca de la Reformadora que de mi poeta predilecto.

Lo cierto es que hoy, gracias al magisterio espiritual y psicológico que he tenido, tanto de directores de almas herederos de una sabiduría inmemorial, como de la terapista sin par que solo muchos años más tarde supe que era católica devota, confieso que he podido hacer mío al fin el alto regalo del éxtasis transformante. Por más, al fin he logrado animarme a compartirlo por escrito. Aunque admito, eso sí, que llevo años revisando la presente escritura, que no sé cuándo terminaré de dar a la imprenta.

Si el lector la tiene ya en sus manos, es que al fin logré vencer mi inveterada resistencia a hacer pública mi vivencia mística. Pido a Dios que sea para bien.

IV

LA TESITURA DINÁMICA DEL ÓRGANO DE PERCEPCIÓN MÍSTICA, EN VERTIGINOSO CAMBIO PERPETUO

La particular tesitura dinámica y lumínica que tuvo mi propia experiencia mística me ha permitido reconocerla en otros espirituales que han intentado comunicar a su vez el éxtasis unitivo. Me hermané inmediatamente con sus escritos testimoniales, probablemente porque me fue dado experimentar la unión transformante de una manera similar a como ellos lo vivirían. O similar a como ellos la expresaron, puesto que —ya lo sabemos— esta vivencia ultraterrenal es imposible de transmitir, dado su carácter inarticulable.

He venido asignando implicaciones esotéricas al símil de la fuente lumínica de Medina al-Zahra' por su capacidad de integrar la diversidad y de permitirnos percibir lo diverso como Unidad esencial al margen del tiempo. La experiencia mística no solo es dinámica, sino, como he insistido, infinitamente armonizadora, por lo que todas las epifanías o altísimas noticias de Dios se reciben de manera convergente e inmediata. Por más, he insistido en que toda la amplia, desasosegante diversidad del mundo y aun nuestras propias sombras psíquicas se rediment en un instante en el regazo de Luz de Dios. Todo confluye en Su Unidad sapientísima e inimaginablemente amorosa. Todo se explica y se armoniza con júbilo en Él. De ahí mi fuente de mercurio redentora de imágenes, que recibe con amor la policromía danzante del recibidor cordobés en su regocijado abrazo líquido.

Lo diverso confluye pues en Unidad durante el evento del éxtasis. Insisto en este punto crucial. De ahí que invocara al inicio de estas páginas el caso de santa Teresa de Jesús, que nos testimonia cómo vivió la unión transformante en la forma de una experiencia infinitamente poblada, en la que de súbito se le representó la complejidad dinámica de la Esencia divina como algo que, una vez devuelta a este plano de conciencia, era incapaz de recordar. Mucho menos de articular con precisión.

Decía la santa que, en la cúspide del éxtasis, le había dado «a entender el Señor grandes secretos, que parece los ve en el mesmo Dios [y] se le descubre cómo en Dios se ven todas las cosas y las tiene todas en sí mesmo» (*Moradas* VI, 10, 3). En este variopinto «cielo empíreo» de la Divinidad —o tumultuosa «baraúnda»— había entendido infinitas cosas de manera simultánea, pero había quedado tan «embebecida con aquel representársele las grandezas que vio, [que] no [podía] decir nenguna» (*Moradas* VI, 4, 8). Aquel dinamismo divino inacabable del que había participado de manera directa la dejó, ya lo sabemos, afásica.

También Rusbroquio y su discípulo Taulero proponen que experimentaron la cima del éxtasis como un evento dinámico, en el que el alma sirve de espejo al flujo y reflujo incesante de la Trinidad. El maestro de Grosendaal explica en su *Espejo de la salvación del alma* lo relativo a esta generación ininterrumpida de la Trinidad en la desnudez del hondón del ser, donde la mutua inhabitación de Dios y el alma se renueva incesantemente con nuevos encuentros. Rusbroquio, siempre cristocéntrico, asocia la supraesencia de nuestra alma con la segunda persona de la Trinidad, pues, dada nuestra condición de criaturas, nos identificamos con la generación de Cristo en medio de este dinamismo trinitario. Pero, según recuerda en sus *Bodas del alma*, ese dinamismo se alterna con la quietud gozosa última propia de la Esencia de Dios. En su altísima naturaleza, Dios es unidad esencial, remanso de gozo infinito, aunque por su Trinidad es a su vez actividad eterna, eterno movimiento: este reposo y este movimiento subsisten perpetuamente. Intentando explicar de alguna manera estos misterios, el maestro de

Groesendaal compara la vivencia directa de este amor dinámico de Dios con «un brasero de carbones encendidos» que hacen «saltar chispas refulgentes, llameantes». Hermosa imagen incandescente, no hay duda, aunque delata sin embargo la afasia de Rusbroquio frente a su misteriosa vivencia sobrenatural.

Aunque santa Teresa y san Juan coinciden con los místicos renano-flamencos en su concepción dinámica de Dios, estos últimos son más densamente trinitarios, mientras que los carmelitas tienden a ser más nupciales. La unión del alma enamorada con la Divinidad es central para ambos. Me detendré en breve en el caso de san Juan de la Cruz, pero, por el momento, cumple que recuerde que el testimonio del santo sobre el flujo de relaciones y procesiones intertrinitarias es terreno delicadísimo, que incluso ha llegado a causar escrúpulos a los teólogos, pues se les suele convertir en verdadera *crux interpretum*. Dicho esto, debo admitir desde ahora que mi propia experiencia fue más nupcial que trinitaria, por lo que me siento más identificada con el dinamismo puro del que hablan santa Teresa y san Juan, hermanados con otros contemplativos igualmente perplejos ante la miríada atorbellinada de noticias de Dios que reciben en estado transformante.

Volveré al caso de san Juan, por estar su testimonio místico tan cercano a mi propia vivencia. Pero, por lo pronto, vale que evoque aquí las reflexiones de otros contemplativos con los que también me siento hermanada. Santa Hildegarda, a quien ya me he referido antes, había preludiado en su *Scivias* la actividad incesante del seno de Dios propia de la vivencia del éxtasis, que le permite acceso a secretos espirituales insondables. La versión que la santa nos ofrece aquí no es trinitaria, pero sí nos da noticia de que ha experimentado un conocimiento ilimitado y variopinto en el seno de Dios:

> [...] una luz ígnea [...] se derramó como una llama en todo mi cerebro, en todo mi corazón y en todo mi pecho. [...] Y de pronto comprendí el sentido de los libros, de los salterios, de los evangelios y de otros volúmenes católicos [...] aun sin conocer la explicación de cada una de las palabras del texto, ni la división de las sílabas, ni los casos, ni los tiempos.

Me siento muy cerca del testimonio de la célebre abadesa del Rin, que llegó a ilustrar e incluso a musicalizar sus éxtasis. La líder monacal confiesa que comprendió los secretos subyacentes a los libros revelados, aun cuando no podía penetrar sus sentidos ocultos en la vigilia normal. En mi propio caso, me fue dado comprender las relaciones sagradas de amor interminable que me unían —y me unen— a todos los seres. Pero tampoco me es dado explicitar estos misterios.

Siempre he tenido una particular predilección por la belleza literaria con la que el poeta metafísico inglés George Herbert da testimonio de su vivencia sobrenatural. En su «Oración I» el prelado de la Iglesia de Inglaterra se refiere a la tesitura inaprensible de esta danza sin fin de amor y luz divinos renovada a cada instante. Admite que lo ha dejado enmudecido y que solo puede celebrarla con encendidos *dislates* verbales: «The Milky Way, the bird of Paradise, / Church-bells beyond the stars heard, the soul's blood, / The land of spices; something understood» [«La Vía Láctea, el pájaro del paraíso, / campanas de iglesia oídas más allá de las estrellas, la sangre del alma, / la tierra de las especias; algo ha sido comprendido»]. *Something understood* [«Algo ha sido comprendido»]. Y, me consta, comprendido para siempre.

Precisamente a este dinamismo perpetuamente renovado de la Esencia es a lo que Thomas Merton se estaría refiriendo a su vez en su ensayo *Entering the Silence* [*Entrando en el silencio*]:

> *[...] for about 30 seconds, I suddenly knew what St. Bernard and St. John of the Cross talk about when they say «Pure Love»...*
>
> *How different from resting in God's peace within you. You don't rest because you no longer are. At rest, all those functions and modes of being in which you realize your own existence, no matter how absorbed in peace you may be, are laborious and drab and arduous and heave and savour of the slavery of Egypt compared to this emptiness and freedom into whose door I entered for that half-minute, which was enough for a lifetime, because it was a new life altogether. There is nothing with which to compare it. You could call it nothingness, but it is an infinitely fruitful freedom to lack all things and to lack yourself in the fresh air of that happiness which seems to be above all modes of being.*

[(...) durante unos treinta segundos, de repente supe de qué hablan san Bernardo y san Juan de la Cruz cuando dicen «Puro Amor» (...)

Qué diferente de descansar en la paz de Dios dentro de ti (...) No descansas porque ya no existes. Cuando descansas, todas esas funciones y modos de ser en los cuales te das cuenta de tu propia existencia —da igual cuán absorto en la paz puedas estar—, son laboriosos y anodinos y arduos y penosos y saben a la esclavitud de Egipto comparados con este vacío y libertad cuya puerta traspasé durante aquel medio minuto, que bastó para toda una vida, porque aquello era verdaderamente una vida nueva. No hay nada con qué compararlo. Podrías hablar de una nada, pero es una libertad infinitamente fecunda carecer de todas las cosas y carecer de ti mismo en el aire fresco de esa felicidad que parece estar por encima de todas las modalidades del ser].

El monje trapense, que fue el padre espiritual de Ernesto Cardenal en la Trapa de Gethsemany en Kentucky, confiesa a continuación que su experiencia lo llevó a sentir a Dios como movimiento puro. Aunque intenta balbucear algo de la alta noticia de estas manifestaciones divinas en delicadísimo bullicio sagrado que confluyen en el éxtasis, sabe que no lo podrá lograr. Allí, alcanza a decirnos Merton, no se descansa, sino que se experimenta el conocimiento infinito de Dios como actividad incesante, y concluye que: «all sweetness and all other rest is unbearable compared with this activity that is beyond all modes and all being» [«cualquier dulzura y cualquier otro descanso resultan insoportables comparados con esta actividad que está más allá de cualquier modo y de cualquier modalidad del ser»]. En efecto: no hay nada estático en la vivencia de Dios, que percibimos como una actividad sobrenatural que sin embargo se mantiene incólume en su Unidad inviolable.

Podría seguir espigando ejemplos, pero basten los que he allegado hasta el momento, ya que me interesa ahora dejar dicho algo sobre cómo testimonió san Juan de la Cruz el dinamismo del vórtice del éxtasis. Como he escrito largamente sobre los versos alucinados del santo, espigo aquí lo esencial de sus enseñanzas, que me parecen de propósito para ayudar a comunicar al lector el dinamismo inherente al encuentro con el

Todo. Confieso que las claves literarias del santo han sido vivamente aleccionadoras para mí: al explorar de cerca sus liras, siempre he sentido que expresaban mi propia experiencia unitiva.

Mi dilecto poeta elige un símbolo de gran delicadeza y volubilidad para dibujar de alguna manera la experiencia reveladora que ha experimentado: una fuente cuyas aguas plateadas se mueven en oscilación regulada. Esta fuente autónoma del «Cántico espiritual», encendida como un diamante que se refractara en movimiento continuo, refulge de súbito en la noche, y le sirve al poeta como holograma sagrado de las revelaciones simultáneas que el alma recibe cuando se le abren las puertas de la revelación. Es la manera poética que tiene san Juan de aludir al dinamismo divino que santa Teresa, con más llaneza, sabemos aludió como «baraúnda».

El gesto de invocar misterios sobrenaturales frente a aguas ondulantes es inmemorial: los griegos buscaban contactar sus muertos meditando frente a oscuras piscinas subterráneas; Aladino pulía su lámpara maravillosa para hacer relucir su metal hasta que espejeara, de manera que pudiera emerger el genio sobrenatural, que en el fondo era hijo de propia psique profunda; la adivina escruta su bola de cristal acuosa para conocer las ocultas verdades del futuro: es decir, para despertar sus propios poderes de precognición. Mirar detenidamente superficies líquidas que se mueven en oscilación regulada nos tranquiliza y, por lo tanto, nos lleva a abismarnos en estados intuitivos profundos. En estos procesos contemplativos descubrimos las grandes verdades sobrenaturales que permanecían ocultas en el hondón de nuestro ser.

San Juan lo sabe bien, e intenta evocar el proceso místico en las ondas oscilantes de la alfaguara del «Cántico espiritual», que servirán de simbólico espejo a la amada en trance de transmutación mística. Como se trata, ya lo sabemos, de un proceso ontológico, el poeta entiende —de seguro, instintivamente— que lo tiene que sugerir sirviéndose de una fuente espejeante en movimiento regulado. Al menos así es que interpreto, como lectora, el mensaje esencial de estas liras de la unión. El poeta, de otra parte, llama «corazón» a su venero, entendiendo el término como el ápice último del alma, órgano de la unión mística. Habré de volver sobre este curioso símil cordial, pues los místicos sufíes también se sirvieron de él en los siglos medios.

La Esposa, protagonista del poema, se lanza a la aventura máxima de cotejar su identidad en el inesperado espejo que le tiende la alfaguara:

> ¡Oh cristalina fuente!
> Si en esos tus semblantes plateados
> formases de repente
> los ojos deseados
> que tengo en mis entrañas dibujados!

Esta fuente iniciática de brillo astral, colocada en el mismísimo centro de gravedad del poema, constituye la inimaginable «espacialidad» mística —el sagrado «adónde»— en el que la Esposa reencuentra al Amado, fugitivo como ciervo en la lira que inaugura el poema. Convertida en una ráfaga enamorada, la protagonista poética había deambulado febrilmente tras su Amado recorriendo montes, riberas y espesuras. Todo en vano, el Amado no aparecía. Pero ahora la enamorada está en el umbral mismo del encuentro. Asombra la magnitud de su hallazgo: el Amado estaba en ella misma. La fuente proteica se ha convertido de súbito en el *locus* de la unión.

Pero es un hontanar muy extraño. Cuando la protagonista poética se ausculta en sus aguas espejeantes, no pide mirarse, sino, curiosamente, quiere ver allí los ojos de quien más ama, que lleva dibujados en sus entrañas. Está, como diría José Ángel Valente, «grávida de una mirada». Pero al mirarse en el espejo líquido se enfrenta con una sorpresa descomunal: ha perdido su identidad. No tiene rostro ni bulto corpóreo, ya que no se refleja en las aguas plateadas del manantial. No: lo que la amada ve flotar en las aguas es algo mucho más extraño: unos ojos ajenos. Presas del vértigo, advertimos que estos ojos refulgentes del Amado que le devuelve la fuente son simultáneamente de Él y de ella, ya que donde estaban grabados era en las propias entrañas de la que se miraba en la alfaguara. Ella los mira y ellos la miran desde las aguas y no es posible establecer diferencias entre ambas miradas que se auto-contemplan. La fuente es simultáneamente el espacio —el espejo— de su propia identidad. Inesperadamente, el ansioso «¿adónde?» que inaugura el poema se nos ha comenzado a contestar. «¿Adónde te escondiste, Amado?». La respuesta es sobrecogedora: «En mí misma». Por decirlo con palabras de san Agustín: *in interiore homine habitat veritas* [en el hombre interior habita la verdad]. Estamos ante un narcisismo sagrado, pues la Esposa no hace otra cosa que amarse a sí misma en proceso de transformación: es decir, ama a Dios en sí misma.

El simbólico espejo/corazón de la alfaguara, sede de la gnosis mística, le ha devuelto a la protagonista poética una identidad trascendida, ya que intentaba contemplar en él a Dios y termina contemplándose a sí misma en Dios. Por eso ha quedado una sola mirada transformante flotando encendida sobre las aguas. Esta unificación mística suprema se logra porque la visión (la mirada de un sujeto hacia un objeto exterior) ha devenido auto-visión, como dejó dicho Michael Sells en otro contexto contemplativo. Desaparecen el invocante y el invocado: se han tornado Uno cuando la Divinidad se revela a Sí misma en el corazón del místico.

La Esposa, ahora que está bendecida con el prodigio de la auto-visión, pasa a celebrar un misterio espiritual que ya hemos aprendido es esencialmente dinámico. Esto es lo que más me interesa destacar de estas liras de san Juan de la Cruz con las que me siento tan hermanada. En el evento súbito de su conversión en Dios, la emisora de los versos «atestigua» las grandezas de su Amado con insistencia febril. El poeta no osa articular el encuentro con palabras precisas, pero el ritmo incantatorio con el que trenza sus palabras llameantes nos va sugiriendo algo, y aun mucho, del dinamismo del éxtasis que le ha sobrevenido. La miríada interminable de imágenes caleidoscópicas en movimiento incesante que surgen de su pluma apuntan a una experiencia fluctuante e inagotable, como las ondas reguladas de la fuente que la simboliza. En ese sagrado *allí* el alma queda convertida en el espejo infinito de la Esencia divina. Desbordado, el poeta intenta comunicar el evento de la revelación perpetua de Dios en el hondón de su ser:

Mi Amado las montañas,
los valles solitarios nemorosos,
las ínsulas extrañas,
los ríos sonorosos,
el silbo de los aires amorosos;

la noche sosegada
en par de los levantes del aurora,
la música callada,
la soledad sonora,
la cena que recrea y enamora.

Nuestro lecho florido
de cuevas de leones enlazado
en púrpura tendido
de paz edificado
de mil escudos de oro coronado.

San Juan no osa describir a Dios, sino que se limita a sugerir su estupefacción ante el encuentro ultraterrenal con Su Esencia infinita en movimiento perpetuo. El conjunto de liras, con su extraña ausencia de verbo y su anhelante torrente de imágenes visionarias inconexas, produce el efecto de un mantra o conjuro: el poeta sabe que Dios no entra al alma por vía de la razón, y pone sordina a nuestras facultades racionales, que no pueden dar cuenta de Él. Los versos están dotados de un compás rítmico regulado, pues este poeta, cuyas palabras, según el testimonio de sus contemporáneos, salían «centelleando», trabaja aquí sus liras a manera de ensalmo. Sabemos que las palabras opacas pero cadenciosas de un sortilegio logran adormecer la inteligencia crítica consciente para que pueda operar libremente la intuición. El conjunto de estos versos hilados produce pues el efecto de una melodía o de una mantra. Dios no entra al alma, lo sabemos, por la vía racional, por lo que la razón no puede dar cuenta de la unión con Él. De ahí que el espacio sagrado que constituye esta fuente simbólica, sede de la unión transformante del alma en Dios, es intuido por el poeta como ritmo sagrado de dinamismo inacabable. Este ritmo oscilante, como las ondas de la fuente, sugiere los cambios transformantes que el alma, libre del tiempo, atraviesa en el seno de Dios.

La protagonista, que buscó a su Amado en los paisajes exteriores —montes, valles, riberas, prados de verduras— descubre en este instante en cúspide que Él incorpora en su Esencia infinita esos espacios, ahora devenidos ultramundanos, donde su buscadora lo intentaba encontrar en vano. La angustiosa pregunta del «¿adónde?» inicial se nos vuelve a contestar una vez más con esta miríada de imágenes en gloriosa sucesión caleidoscópica. El Amado no tiene rostro —no lo reflejó en la fuente— y la Amada lo celebra en términos metafóricos de un fluir vertiginoso de espacios y de tiempos: montañas, noches, músicas, un extraño lecho nupcial. Dios redime en Sí mismo a la creación, unificada en Él, en el espacio infinito del corazón extático de la amada, devenido espejo cristalino y, ya se sabe, ondulante.

Advirtamos el cuidado que tiene san Juan de no reducir el rosto de Dios a imagen: antes, pinta en sus versos cómo el alma-esposa siente su unión con Él. En la percepción de la enamorada —dice el poeta en las glosas al «Cántico»— el Amado es como las montañas, porque la impresión que le producen estas (altura, majestuosidad) son semejantes a la que le produce el Amado: «Las montañas tienen altura, son abundantes, anchas y hermosas [...] Estas montañas es mi Amado para mí» (CB 14-15, 7). Los valles se asocian con la intuición de refrigerio y descanso; las ínsulas extrañas, con la noción de misterio; los ríos sonorosos, con la sensación de anegarse en ellos y escuchar la sonoridad abismal que apaga todo ruido exterior; y así sucesivamente a lo largo de las estrofas celebrativas.

En este «desposorio espiritual» Dios manifiesta sus atributos simbólicos en ella, que le sirve de espejo. Si bien la protagonista poética vio los ojos de luz de su Amado reflejados en la fuente o espejo rutilante de sí misma, ahora el Amado se refleja en la fuente o espejo del alma: ambos son el espejo del otro, y se devuelven su ipseidad en una sucesión interminable de espejos que se auto-reflejan sin fin como si se encontraran el uno frente al otro. Soberbia reflexión sobre el encuentro dinámico con el infinito, no cabe duda. Considero que estamos ante una de las metáforas más lúcidas sobre el evento místico tumultuoso en el que compartimos la identidad con el Uno.

Vemos pues que este espejo del hondón último del alma es capaz de reflejar cualquier epifanía divinal, sin atenerse a ninguna fija. El alma en éxtasis tiene que ensancharse y que transformarse a cada instante para ser capaz de reflejar todas las epifanías o atributos del Dios infinito en dinamismo constante. Dios es inacabable, como apunta el mismo san Juan: «ni los ángeles le pueden acabar de ver ni le acabarán...». Siempre «les hace novedad y siempre se maravillan más»; «Solo para sí no es extraño [Dios], ni tampoco para sí es nuevo» (CB 14-15,8). El que experimenta esta vivencia, en efecto, sabe de inmediato que ha apurado tan solo un sorbo de la Esencia de Dios. No hay pues por qué atarse a ninguno de estos estados o manifestaciones, ni siquiera a las más altas, porque solo Dios las puede terminar de conocer de veras e infinitamente, como nos acaba de advertir san Juan. Acaso por esto el poeta derrochó su vehemente surtidor de visiones con tanta alegría indeterminada: Dios es los espacios, los tiempos, la música, la soledad sonora, y no es solo una de esas cosas, sino todas y aún infinitas más, porque de la febril celebración enumerativa parecería desprenderse que el júbilo de la recepción de estos atributos nunca acaba.

Estamos pues ante un proceso de movimiento perpetuo, en el que Dios Se revela al alma en una danza embriagada de epifanías simultáneas. El poeta, como anticipé, volatiliza en dislates poéticos el rostro de Dios, inimaginable pero experimentado por él con absoluta certeza. Y, sin duda, de manera inacabablemente vertiginosa. Queda admitido: los versos delirantes de san Juan me resultan un espejo fiel de lo que viví aquel instante supremo del abrazo ontológico del Uno.

El Reformador reitera su lección en torno a la suprema actividad del seno de Dios en sus comentarios al poema la «Llama», donde explora una vez más la cima rarificada de la *teo-*

poiesis. Allí explica que «todos los movimientos de tal alma son divinos; y aunque son suyos [de Dios], de ella lo son porque los hace Dios en ella con ella, que da su voluntad y consentimiento» (LB 1, 9, 64). Advirtamos que el alma se pliega gozosamente a la recepción de las epifanías o secretos divinos y se va transformando dúctil, amorosamente en ellos. Comprendo de cerca al poeta porque cuando nos encontramos en este trance es como si dijéramos la más alta oración posible: *Hágase en mí según Tu palabra*. San Juan insiste en que tanto Dios como el alma se mueven al unísono y participan ambos, por lo tanto, de la dinámica inefable de la unión, que metaforiza con el movimiento crepitante de las llamas: «los movimientos de estas llamas divinas, que son los vibramientos y llamaradas que habemos arriba dicho, no las hace sola el alma transformada en las llamas del Espíritu Santo, no las hace solo él, sino él y el alma juntos» (LB 3, 10, 74). El alma en Dios es danza. También puedo decir de la mano felicísima de san Juan que es fiesta, pues el poeta celebra a continuación que «estos movimientos de Dios y el alma juntos [...] son [...] juegos y fiestas alegres» (LB 3, 10, 76). San Juan advierte cautamente, sin embargo, que Dios es de suyo inamovible pese a ese movimiento festivo que él describe como propio del éxtasis místico: «porque, aunque [...] Dios no se mueve realmente, al alma le parece que en verdad se mueve» (cf. LB 3, 1179-81). Creo que todos los místicos diríamos «amén» al aserto del fraile de Fontiveros: se trata de un dinamismo infinitamente unificante y centrado en sí mismo.

El poeta ha retratado vívidamente el júbilo intrínseco que le es propio a la unión mística. Siempre he considerado que san Juan de la Cruz es el poeta más feliz de la literatura española. Solo de una pluma así de regocijada podría surgir una celebración mística tan exultante. Y tan ajustada a los misterios divinales del éxtasis.

De ahí que, como estas llamaradas crepitantes que no dejan de evocar las de Rusbroquio, las ondas de la fuente autónoma del «Cántico» fluctúen según atestiguan los atributos incesantes de Dios. Oscilan de estado en estado, de epifanía en epifanía, y las reflejan todas. Gracias a esta ductilidad es que el alma en unión transformante puede refractar, cual diamante encendido, la manifestación simultánea de los atributos interminables de la Divinidad: estamos ante la morada altísima del corazón extático que es receptivo de cualquier forma o epifanía divina. El alma se une a Dios en cada una de las noticias que recibe de Su magnanimidad, pero no queda constreñida a ninguna: ni a las montañas, valles, noches o aires simbólicos. Como tengo explicado antes, según el hondón del ser atestigua las epifanías divinas, se va metamorfoseando y haciendo uno con ellas, adaptándose con maleabilidad perfecta a sus vertiginosas noticias sobrenaturales, de manera que pueda recibir la sabiduría sin límites que el Uno irradia de continuo. El conocimiento intelectual ha quedado atrás para dar paso al fin a la más alta sabiduría, que Michael Sells llama —importa repetirlo— «el acto de conocer en continua transformación» (*a continually transformative knowledge*). Cuando nos transformamos en Dios es que experimentamos esta percepción inacabable y a-temporal que resulta continuamente transfigurante. Solo con un simbólico corazón dilatado y dúctil podemos aprehender simultáneamente las grandes verdades reveladas que la Divinidad nos otorga en la morada sublime de la unión.

San Juan experimenta pues su trance teopático como una danza revelatoria de amor y de luz, de eclosiones divinas innombrables, siempre únicas y siempre renovadas. De ahí que la simbólica fuente del «Cántico» no pueda ser un espejo rígido, sino un espejo dotado de una tenue pulsación acompasada. En mi propio caso, ya lo sabe el lector, esgrimí el símil de la fuente de mercurio oscilante de Medina al-Zahra', contenedora de la danza multicolor de las figuras geométricas transfiguradas en luz. La alfaguara las incluye a todas sin detenerse en ninguna, pues el éxtasis es un proceso de conocimiento infinitamente dinámico. Pese a que el símbolo de la fuente autónoma oscilante es, como cualquier símbolo místico, incapaz de traducir adecuadamente la experiencia sobrehumana del éxtasis, entiendo que nos ayuda a vislumbrar un nivel de conocimiento inacabable que supera la servidumbre de la limitada razón humana.

Es que el alma, insisto, conoce en un estado de perpetua transformación, y se metamorfosea infinitamente según descubre a Dios en el hondón último de su ser. *Conocer es ser*, como diría María Zambrano. En este altísimo plano espiritual, Dios nos inviste de Sí mismo para que podamos atestiguarlo. Si no, no nos sería posible asumir Su abrazo sin límites. Es Él quien opera el prodigio, completamente superior a las limitadas fuerzas de nuestras facultades racionales.

La fuente del alma es pues un simbólico azogue vivo que espejea la inimaginable Belleza infinita que llevamos dentro. *The kingdom is within* [El Reino está dentro], como dijo Alfred Lord Tennyson, consolándonos con la alegría imperturbable de su certeza mística. El círculo de Luz del manantial, que no es otra cosa que nuestro ser en unión participativa con Dios, nos devuelve precisamente a Su Reino inmarcesible, que sabemos constituye —inmenso milagro— la esencia última de nuestra mismidad.

Me he detenido en reflexionar en torno a las sobrecogedoras elucubraciones poéticas sanjuanísticas para alertar al lector del hecho de que los místicos nos reconocemos en algunas expresiones escriturarias mejor que en otras. Puedo testimoniar, candorosamente y sin afán intelectual alguno —esto que escribo es un testimonio personal y no un alegato teológico— que me fue dado vivir el dinamismo infinito de las inimaginables noticias de Dios sobre el espejo pulido de mi alma de manera muy cercana a la que expresa san Juan. En mi experiencia no hubo distinción de Personas divinas, como propuso Rusbroquio en su propio caso: solo unión —comunión o unificación— sustancial de mi ser en Dios. Estoy abierta, con todo, a la posibilidad de que mi vivencia extática incluso pudiera interpretarse de manera más afín a la fórmula mística renano-flamenca. Rusbroquio, como dije, se refiere a la oscilación entre la actividad dinámica trinitaria y la simplicidad suprema de la Esencia, y puedo decir en este sentido que sí me fue dado probar un sorbo tanto del dinamismo de Dios como de Su quietud suprema. En mi caso, sin embargo, ambas vivencias se dieron de manera simultánea, no como el doble movimiento de estarnos «entrando y acercando en Dios» que describe el maestro flamenco. Claro que a nadie le es dado expresar la simultaneidad con la herramienta del lenguaje sucesivo, por lo que, probablemente, la experiencia que describe Rusbroquio fue, como la mía, intemporal. O mejor, supra-temporal. Lo que sí puedo asegurar es que la vertiginosa vividura de las noticias de Dios en las que me iba transformando eran coincidentes con el remanso de gozo eterno de la unión sustancial.

También debería apuntar al hecho de que experimenté a Dios como infinitamente trascendente y mayestático —el Dios emanente que suele esgrimir la tradición espiritual judía— pero, a la vez, lo percibí como el Dios inmanente, cercano, hermanado, enamorado y nuestro. Tan nuestro que podemos ser Uno con él.

No vale la pena seguir argumentando sutilezas, pues mi propósito fundamental es celebrar el don recibido y compartirlo lo más tersamente que pueda. Dicho esto, advierto que no estoy ajena a la posibilidad de que la experiencia mística pueda estar realmente aún más hermanada en todas las culturas religiosas de lo que sospechamos, solo que la estamos describiendo desde nuestras propias coordenadas culturales, atándolas a veces a nuestra propia fe o a nuestro temperamento particular. Ya he dicho que no voy a entrar en la encendida polémica teórica de si estamos ante una misma vivencia esencial, o bien ante una experiencia que la cultura religiosa de cada místico moldea o incluso altera. Me limito a hacer un recuento de mi propio asombro ante lo sucedido.

Por razones de la tesitura dinámica de la experiencia vivida, he confesado que reverberan en mi alma de manera cómplice aquellos contemplativos que han sabido respetar en sus símiles el dinamismo propio del éxtasis. Por la particular afinidad espiritual que siento por ellos, me centraré ahora en el caso de los sufíes del Medioevo, que también asociaron su corazón u órgano de percepción mística con una fuente. Por cierto que no estaban lejos de san Juan de la Cruz. Advierto que cuando tuve mi propia experiencia aún no estaba familiarizada con el significado profundo de las imágenes de las que se sirven los místicos musulmanes con los que también me hermano de cerca: fue mi propio éxtasis el que me permitió «leer» su propia vivencia con más provecho y conocimiento de causa. Otro tanto me sucedió con san Juan y con santa Teresa: los fui comprendiendo mejor después de haber experimentado yo misma la unión teopática. Admito que soy una escritora cargada de lecturas, pero estas me han ayudado mucho, porque me he podido entender mejor en el espejo de estos antiguos compañeros de camino. Los sufíes me han enseñado a hilar fino en materia de expresión mística, por lo que paso a hacerme eco aquí de su antigua sabiduría.

Veamos por qué lo digo. San Juan nos había hablado, como vimos, de la «cristalina fuente» en su «Cántico espiritual», y de la *fonte que mana y corre* aun cuando «es de noche» en su «Cantar del alma que se huelga de conocer a Dios por fe». La fuente del «Cántico» y las fuentes iniciáticas sufíes, al contrario de la soleada fuente del salón cordobés de la que me he venido sirviendo, son manantiales nocturnos. Los *semblantes plateados* de la fuente sanjuanística reflejan, en efecto, una delicada luz lunar, paralela a la fuente encendida en la que místicos como Najm al-din al-Kubra dieron por terminada su peregrinación hacia el Amado invisible. Todos estos autores proponen entre líneas que el contemplativo ha de obnubilar —o de *anochecer*— los sentidos y la razón para el encuentro con el Infinito, ajeno a toda imagen o conceptualización racional. La fuente, de otra parte, siempre evoca el origen o el nacimiento de algo, y aquí de lo que estamos hablando es del origen último de nuestro ser. Lo había advertido también santa Teresa, y por eso propuso que dentro de lo más recóndito del alma tenemos una simbólica fuente de las «aguas vivas de la vida», de las que surge un simbólico «árbol» (*Moradas* I, 2). *Su origen no lo sé, pues no le tiene, / mas sé que todo origen de ella viene*» canta el poeta de Fontiveros con nostalgia afásica por este hontanar fundacional en el «Cantar del alma»: las nupcias con el Uno implican siempre que hemos regresado a nuestro origen eterno. Bien que lo supieron los místicos del islam, que colocaban, a manera de mandala, justamente una fuente simbólica en el centro de sus jardines. El pabellón central con la alfaguara estaba rodeado de árboles o cipreses, sugiriendo un movimiento centrífugo hacia la naturaleza paradisíaca junto a un movimiento centrípeto hacia el interior: hacia la fuente incesante de nuestro propio ser.

Hace mucho entretejí a mi vez el misterio de ese venero simbólico:

> Entro en la alfaguara plateada.
> El cristal de su azogue vivo
> es luz de estrella increada.
>
> Anegada en el círculo centelleante
> accedo al vértigo
> y a la oblación gozosa:
>
> yo misma soy la alfaguara.

Los antiguos egipcios celebraron el órgano indescriptible de la unión mística como el «escarabajo de oro», mientras los budistas tibetanos lo consideraron como el asiento de la «budeidad» o esencia divinal que todos tenemos dentro. En el fondo resulta imposible articular —bien lo sabe el lector— cómo es realmente la interioridad del alma en el instante en el que se torna capaz de acceder a la unión con Dios. Ernesto Cardenal me explicó una vez en Managua (1974) que en el momento del éxtasis sintió «como si le hubiera nacido un nuevo órgano de percepción». Me parece muy atinada su manera de expresarlo, afásica pero rebosante de sentido común. No somos los mismos cuando nos acontece la unión divinal, ya que, de súbito, comenzamos a registrar la Realidad en otro nivel de conciencia. Lo expresó a su vez Walter T. Stace en *The Teachings of the Mystics*: «the ordinary sensory-intellectual consciousness disappears and is replaced by an entirely new kind of consciousness, the mystical consciousness» [«la conciencia sensorial-intelectual desaparece y es reemplazada por un tipo de conciencia completamente nuevo, la conciencia mística»].

Los gnósticos del islam privilegiaron, por su parte, la imagen del manantial borboteante para ilustrar ese «órgano de percepción» místico y la esgrimieron como un simbólico contenedor, acuoso y espejeante para sugerir el *locus* de la unión con Dios. Ya se sabe de la sed ancestral de estos hijos del desierto, que por razones de su propia geografía vivían enamorados del agua y la prodigaban en todas sus manifestaciones artísticas. Los sufíes denominaron su órgano cordial de percepción extática precisamente *qalb* o corazón profundo, tal como habría de hacer san Juan de la Cruz siglos más tarde. Como veremos, los gnósticos musulmanes articularon el símbolo con unos matices muy específicos que evocan las propuestas místicas del Reformador que he venido describiendo aquí.

Este órgano sutil, entendido como receptáculo cristalino y proteico capaz de reflejar todas las epifanías de Dios —la inacabable manifestación de la Divinidad en la morada de la Unión— constituye un símbolo espiritual muy conocido en el islam. Tan expertos se hicieron los maestros sufíes en este corazón cristalino y dúctil de la percepción mística dinámica que hace mucho me animé a denominar su expresión simbólica, con la que me siento tan identificada, como «cardiología mística». *Cardio gnosis* o *religio cordis* [«religión del corazón»] la ha llamado a su vez Carlos Frederico Barboza. La fuente es para los sufíes una imagen del corazón profundo, órgano de la captación de los misterios infinitos del Uno.

Para entender mejor los pormenores del símil sufí importa que sepamos el origen lingüístico de la voz *qalb*. Recordará el lector que antes me referí a la ductilidad intrínseca de la lengua árabe, tan propia de las lenguas semíticas: cada raíz constela significados múltiples que a veces incluso pueden ser contradictorios. Curiosamente, la propia maleabilidad de la lengua, tan poética, la constituye de suyo en una posible metáfora de experiencias vitales dinámicas y cambiantes. De ahí que el vocablo árabe *qalb*, derivado de la raíz *q-l-b*, además de su sentido primario de «corazón», emparenta los significados simultáneos de «centro», «alma», «médula», «receptáculo», «cambio perpetuo», «volverse», «convertirse», «transmutarse», «invertirse», «ir de un lugar para otro», «ser reversible», «mudarse», «ser voluble». Otros curiosos sentidos adicionales son «pozo» (*qalib*) y «palmito» o «médula de la palmera» (*qilb* o *qulb*). Como era de esperar, los teóricos del islam aprovecharon la extrema maleabilidad de la voz *q-l-b* para expresar con ella las distintas modalidades del proceso de la experiencia mística unitiva. Estudiosos como Carlos Frederico Barboza, William Chittick, Carlos Varona y Ana Crespo han reflexionado a su vez sobre las fecundas lecciones místicas de dicha raíz consonántica.

Como me sucedió con san Juan, también yo me he sentido muy cerca de los místicos sufíes al momento de intuir y de dar forma a mi propia simbología mística, en la que concibo la sede de la gnosis como un *locus* dotado de dinamismo infinito. Advierto que no fue un proceso consciente de imitación artística, sino que se trató de un súbito reconocimiento: era como si de repente me mirara en un espejo. Y como si me hubiese sido dado intuir, *in ictu oculi*, por qué la cultura oriental me marcó tan dramáticamente desde niña. Las imágenes de místicos como Al-Kubra e Ibn 'Arabi, pese a su aparente exotismo a la luz de la fe cristiana, reflejaban muy de cerca lo esencial de mi propia vivencia fruitiva del éxtasis. Han sido precisamente los sufíes, por cierto, quienes más me han ayudado a entender algunas de las propuestas espirituales más complejas de san Juan de la Cruz. Una mirada «orientalizada» es útil a la hora de arrancarle a san Juan sus mejores secretos. Acaso también el santo, como yo, hubiese podido ver reflejada su propia experiencia unitiva en la simbología mística cordial del misticismo sufí que lo antecedió por siglos. Posiblemente esta antigua tradición islámica ya estaba asimilada a la cultura mística española, y quien se sirviese de ella bien pudo haber ignorado su remoto origen musulmán. Pero este es un enigma literario que no me toca resolver en estas páginas.

Lo que sí consta es que los sufíes entendieron el concepto del *qalb* como un «receptáculo» simbólico de la Divinidad, con características de espejo cristalino y acuoso. Solo cuando el espejo del corazón interior se ha pulido es que puede reflejar a Dios. Dios es infinito, y como las potencias del alma se llenan solo con infinito, el metafórico órgano cordial deviene, a su vez, infinito cuando sirve de azogue a Dios. Ya me he referido a este milagro unitivo mediante el cual el alma queda investida de cualidades divinales para poder acudir al encuentro con el Uno. De otra manera es imposible.

El alma, como propone sin ambages san Juan de la Cruz, queda «endiosada» en este instante innombrable. Rusbroquio, a quien, como dije, alcanzó a leer san Juan, se había referido a la condición «deicolor» o «deiforme» del alma. Los sufíes proponen la misma noción en un consolador *hadiz* o tradición profética en la que Alá asegura que: «Ni la tierra ni el cielo pueden contenerme, pero Me contiene el corazón de mi siervo creyente». Todos nos están diciendo lo mismo. Por su naturaleza, el *qalb*, símbolo cordial del interior del ser, constituye el espacio sin tiempo de la manifestación de Dios. Somos uno con los secretos de Su belleza última en ese instante que las horas son incapaces de marcar.

Acaso la característica más distintiva de este molde espejeante infinito en el que se ha convertido el corazón extático del sufí es su capacidad de movimiento perpetuo. Esta cualidad ilustra muy de cerca, una vez más, mi propio caso, pues mi vivencia, como dije, fue dinámica a despecho de su Unicidad centrante. También dejé dicho que, cuando muchos años después de experimentar el éxtasis leí acerca de la teoría de este órgano de percepción espiritual islámico, vi muchos aspectos de mi propia experiencia reflejados allí, tal como me había pasado con otros pasajes claves de la obra de san Juan de la Cruz.

Tenemos pues que el espejo «cordial» de los sufíes es móvil, exactamente como el corazón especular del «Cántico espiritual» de san Juan y como la fuente de mercurio que he propuesto como símil del éxtasis. La articulación de la imagen cordial dinámica no es de extrañar en el sufismo, porque la raíz *q-l-b*, como apunté, también quiere decir «cambio perpetuo». La rápida sucesión de las epifanías de Dios en este azogue caleidoscópico del *qalb* es, claro está, solo aparente, ya que en Dios, a salvo del tiempo y del espacio, es manifestación simultánea y a la vez supremamente unificadora.

El *qalb*, sede del cambio incesante, no es pues un simple órgano de carne humana, sino movimiento, oscilación regulada, pulsación permanente. La inagotable capacidad de este corazón interior para acoger formas e imágenes —como recuerdan Pablo Beneito y Suad Hakim— le permite fluctuar entre una visión teofánica u otra sin atarse a ninguna: Dios las posee todas en Su absoluta Unidad. Solo con un órgano de percepción en cambio perpetuo —insisto en el *transformative knowledge* [conocimiento transformativo]— podrá el místico metaforizar de alguna manera el proceso de su conversión en Dios. No es pues de extrañar que los sufíes hayan celebrado a su Creador como *muarrif al-qulub* («El que hace fluctuar a los corazones»). No puedo estar más de acuerdo: ya dejé dicho que la unión con Dios es la forma de plegaria más alta —nuestro rotundo *fiat voluntas Tua*— porque el alma se pliega con jubilosa aquiescencia a todas las manifestaciones que recibe de Dios. El estado de unión, insisto, se experimenta como una danza incesante, como un *convivio* sin límites.

La noción de este corazón/*qalb* que por su condición cambiante sirve de azogue a los atributos de Dios ha sido reescrita por numerosos contemplativos islámicos. Al-Bujari se hace eco de un dicho atribuido al Profeta que explica la volubilidad del *qalb*: «el corazón [*qalb*] del hijo de Adán se encuentra entre dos dedos de Dios. Cuando Él quiere hacerlo fluctuar [*taqlib*] lo hace fluctuar». De ahí la plegaria en la que el Profeta Mahoma apostrofa a Dios como «¡Oh Aquel que hace fluctuar los corazones! [*ya muqallib al-qulub*]». En medio de este auténtico evento visionario del alma experimenté, con todos ellos, cómo mi corazón u órgano de percepción cristalino fluctuaba de una teofanía en otra, en un estado de delicia y de anuencia que no tenía fin porque no estaba inmersa en el tiempo.

Ruzbihan Baqli insiste en que este *qalb* voluble manifiesta a Dios porque fluctúa cuando atestigua Sus atributos. Najm al-Din al-Kubra, por su parte, destaca la condición cambiante de este órgano místico de percepción sutil, que no tiene determinado color —como el pájaro solitario de san Juan de la Cruz y de los persas— justamente porque asume cualquier color o forma que se refleje en él. Fluctúa de estado en estado y los refleja todos. Gracias a esta ductilidad es que puede refractar la manifestación simultánea y supratemporal de los infinitos atributos de la Divinidad.

Es Ibn 'Arabi de Murcia quien culmina esta compleja *'ilm al-qulub* («ciencia de los corazones») en el siglo XIII. Ya antes recordé que cuando mi marido y yo celebramos nuestras bodas allá por 1972, pedí al jesuita que ejerció la ceremonia bajo un manzano florido en Cambridge que leyera los versos embriagados del poeta místico murciano. Curiosamente, se lo pedí mucho antes de comprender a fondo estos misterios que ahora voy explicando. Creo que hay afinidades que uno tarda en asumir pero que el alma profunda conoce desde siempre. Hoy me es dado ver, entre otras numerosas semejanzas literario-místicas, que el símil del corazón cambiante de Ibn 'Arabi se encuentra cerca de las liras unitivas del «Cántico» de san Juan, sobre cuyos versos alucinados escribía mi tesis doctoral en aquellos momentos. Ibn 'Arabi teoriza en su *Futuhat* que «el corazón se llama corazón [*qalb*] porque está en perpetua transformación [*taqallub*] en relación a las moradas», y en su célebre *Tarjuman al-ashwaq* o *Intérprete de los deseos* eleva su teoría espiritual del *qalb* cambiante a la más alta poesía. Estos versos fueron los que mi extraña intuición me dictó que debía hacer decir en el momento de mi bendición nupcial, y los ofrezco en mi propia traducción del árabe sabiendo que mi admirado amigo, el insigne arabista Pablo Beneito, prepara un estudio que por su hondura modificará todas las traducciones al uso. Pero valga de momento esta versión, suficiente para ilustrar lo que me interesa aquí:

> Mi corazón es capaz de asumir cualquier forma: es un pasto para gacelas y un convento de monjes cristianos.
>
> Y un templo para ídolos y la Kaba del peregrino y las Tablas de la Tora y el libro del Corán.
>
> Yo sigo la religión del amor: dondequiera que vayan los camellos del Amor, ahí están mi religión y mi fe.

Los versos de Ibn 'Arabi no solo hacen referencia a la tolerancia religiosa para con todas las revelaciones —Dios se encuentra por igual en todas ellas— sino a algo mucho más hondo: a la morada altísima del corazón extático que es receptivo de cualquier forma o epifanía divina. Así lo propone Michael Sells y me hago eco de su interpretación, tan acertada en su intuición mística. El corazón —vale decir, el espejo del alma— se encuentra en estado de perpetua transformación al ir reflejando las manifestaciones de Dios, en cambio perpetuo, sin limitarse a ninguna. Fue lo mismo que entendí estaba sugiriendo san Juan cuando explicitaba las liras espejeantes «Mi Amado, las montañas...»: hablaba de las manifestaciones continuas de Dios en el ápice del ser que, por su propia concatenación gozosa y centelleante, parecerían no terminar nunca. En mi caso, ya se sabe: para expresar de alguna manera el evento visionario de mi propia alma me serví de la superficie mercurial de la fuente de Abderramán III, que espejeaba los colores y las formas geométricas siempre cambiantes del recibidor califal. Entendí en aquel instante lo que de seguro habrían asumido estos místicos que voy citando con empatía fraterna: el alma del contemplativo no es tanto una entidad como un evento, un proceso de cambio de perspectiva, de *fana'*, un pulir del espejo divino para hacerlo capaz de reflejar las noticias infinitas que la Verdad hace de sí misma sobre el azogue gozoso de nuestro ser. No hay pues por qué atarse a ninguna de estas manifestaciones, porque solo Dios las puede terminar de conocer de veras e infinitamente. De ahí los cambios perpetuos de formas y colores sobre el azogue de mercurio del palacio cordobés de cuya belleza fluctuante me he apropiado.

Los sufíes proponen que Ibn 'Arabi ha alcanzado la más alta de las moradas místicas posibles: la «morada de la no-morada» (*maqam la maqam*). También Al-Muhasibi aseguraba haber poseído este estado espiritual ya libre de toda atadura a las moradas cambiantes que el alma recibe de Dios. Ya se sabe que el alma se une a lo Real en cada una de las noticias que recibe de Su magnanimidad, pero no queda constreñida a ninguna en específico. El conocimiento intelectual ha quedado atrás para dar paso a la percepción a través del corazón, asiento de la *ma'rifa* o acto de *conocer en continua transformación*. Desde el contexto sufí acaso el lector pueda comprender mejor la tesitura de este conocimiento continuamente transformativo que experimentamos en el seno de Dios, ya que la palabra *qalb* es de suyo opalina y cambiante. Solo con un órgano de percepción maleable podemos aprehender simultáneamente las grandes verdades reveladas que la Divinidad nos otorga en la morada de la unión. Salta a la vista que se trata de un conocimiento abismal, muy distinto al de atestiguar apariciones sagradas: como la que san Pablo, por ejemplo, tuvo de la cruz luminosa de Cristo, cuyas palabras escuchó claramente («Paulo, Paulo, ¿por qué me persigues?» (Hechos 9). Insisto en que tampoco tiene que ver esta aprehensión directa y no-verbal de Dios con las revelaciones proféticas, que los Padres bíblicos veterotestamentarios articularon en lujo de detalle para su pueblo; ni con las apariciones de la Virgen en Lourdes o en Fátima, o las de los santos del islam o del hinduismo, que también han sido testimoniadas con frecuencia en la tradición popular. San Juan y santa Teresa distinguen claramente entre los carismas de estas «apariciones», «visiones» o «audiciones» y el éxtasis transformante, que es de suyo, vuelvo a insistir en ello, infinito y, por ello mismo, inarticulable. También se refieren sin ambages y con candorosa sinceridad a las experiencias extracorpóreas como la precognición, la telepatía, la percepción de aromas desconocidos o del aura de luz que emana una persona, o bien a las apariciones de difuntos y la atestiguación de su destino ultramundano. Se trata de experiencias comunes a toda la humanidad, pese que antiguamente llevó a algunos a los altares y a otros a la hoguera inquisitorial. Tampoco yo he estado ajena a la vivencia de estos dones espirituales, al igual que tantas otras personas y, como es necesario distinguirlos del éxtasis transformante, me habré de referir a ello más por extenso en un volumen aparte. Por lo pronto, cabe decir que para diferenciar la experiencia abisal del éxtasis transformante de los carismas extracorpóreos nos es útil la antigua lección teológica de san Agustín: *Si comprehendis non est Deus* [Si lo entiendes, no es Dios]. También podríamos decir: *Si vidisti non est Deus* [Si lo has visto, no es Dios]. Todo lo demás son dones espirituales menores.

Aclarado este extremo, me atrevo ahora a matizar las enseñanzas sufíes en torno al conocimiento perpetuamente transformativo que nos coloca en la «morada de la no-morada». Para mí, el alma no es quien tiene el «mérito» de decidir si se atiene o no a alguna de las epifanías que va recibiendo de Dios: Dios las ofrece por Su propia misericordia y, una vez en este alto estado unitivo, es imposible sustraerse a Su revelación. Por eso dije que mi alma, según iba asumiendo —y formando parte— de cada aleccionadora revelación divinal, parecía que entonaba la plegaria definitiva: «he aquí la esclava del Señor, hágase en mí según Su palabra». Ese sería nuestro único mérito posible, pero es un mérito pasivo, para nada esforzado o heroico, sino jubilosamente ineludible. Es Dios quien nos coloca en esta morada y nos regala Sus secretos. Y no podemos sino aceptarlos con gozo. Y compartirlos, en la medida necesariamente modesta que nos pudiera ser dada.

Sí importa decir que el místico, como no queda definido ni atado por ningún atributo exclusivo de Dios, puede expresar la interminable riqueza de su vivencia sirviéndose de un inesperado conjunto de imágenes variopintas e incluso contradictorias. Recordemos la «música callada» y la «soledad sonora» del surtidor de extrañas visiones de san Juan de la Cruz, hermanado con la cascada visionaria del *Tarjuman* de Ibn 'Arabi, igualmente paradojal, pues reconcilia los templos cristianos con la Caba y la Torá y aun con las *gacelas*, es decir, con la incitante hermosura de las doncellas. Ambos poetas emplearon «dislates» (*shatt*) para dar una idea de la fluidez cambiante de su conocimiento total en la morada de la unión. Vale recordar también los versos embriagados de George Herbert, que cantó al unísono a la «vía láctea» junto al «ave del Paraíso» y la «tierra de las especies». Por cierto que santa Teresa tampoco estuvo ajena a estos desbordamientos irrestañables: «Con decir disbarates me remedio algunas veces, acaéceme muchas, cuando acabo de recibir estas mercedes...» (*Vida* XVIII, 2). Los citados místicos se encuentran en lo que Ibn 'Arabi denominó como el estado espiritual más profundo posible: el de la perplejidad (*hayra*). Rusbroquio llega aún más lejos al declarar en verso que el alma «Lo ve todo sin asombro. / Ha quedado más allá del asombro». También yo quedé catapultada mucho más allá del asombro después de degustar el éxtasis: *Mi alma se anegó / en un mar de dulzura / y me convertí en un verso de agua / que aun canta el prodigio.*

Tanto san Juan como Ibn 'Arabi tienen pues un «corazón» —un *qalb*— incoloro y purísimo como el agua, y dotado, por eso mismo, de una capacidad proteica que lo capacita para reflejar las continuas manifestaciones que la Divinidad hace de Su propia Esencia a sí misma en el alma que es capaz de asumir cualquier forma. En mi propio caso, más que de agua estática, preferí servirme de un azogue plateado y movedizo: intuí que la fuente del *majlis* de Medina al-Zahra' serviría bien a mis propósitos comunicativos justamente porque, dada la naturaleza voluble del mercurio, sugería ya de por sí la alquimia ontológica propia del cambio continuo.

La noción de la profundidad insondable del alma es, de otra parte, un descubrimiento que se le impone al místico y que también le da mucho que reflexionar. En su «Llama de amor viva» san Juan comparó este misterio con el descenso a un pozo en cuyo centro último se unían milagrosamente el agua y el fuego, en un milagro que duplicaba el de la transformación de la amada en el Amado. La curiosa imagen la había acuñado antes el persa al-Kubra, pero en su caso no resulta extraño que concibiera su alma como un «pozo» porque una de las variantes de la raíz *q-l-b* es precisamente *qalib*: pozo o cisterna. El alma tiene pues capas arcanas de hondura en su capacidad experiencial, pues recibe las epifanías inacabables del Uno en el instante supremo mismo en el que se convierte en la alfaguara espejeante de Dios. Pude comprender de cerca el extraño símil del «pozo» sanjuanístico, pues, como dije, la hondura inconmensurable de la capacidad contenedora del alma es un descubrimiento gozoso que se registra de manera obligada en el éxtasis.

Santa Teresa, hermana de hábito de san Juan, no se queda atrás en insistir a su vez en una simbología mística cada vez más interiorizante, y propone a sus monjas que sus siete castillos concéntricos son cada vez más recónditos según se progresa en la vida del alma. Para ilustrar esta hondura creciente de su mandala espiritual se sirve de la curiosa imagen de un palmito:

> No havéis de entender estas moradas una en pos de otra como cosa en hilado, sino poned los ojos en el centro, que es la pieza o palacio adonde está el rey, y considerad como un palmito, que para llegar a lo que es de comer tiene muchas coberturas (*Moradas* I, 2,8).

La imagen del palmito con sus coberturas blancas cada vez más interiores no es ajena tampoco a los sufíes, pues otro de los sentidos de la raíz *q-l-b* es precisamente «palmito»: *qilb* o *qulb*, y más de un místico musulmán —pienso en Al-Hakim al-Tirmidhi— ya se había servido de dicha noción de capas protectoras progresivamente más interiores para sus propias medinas de luz, símil del camino místico del alma que preludió el de Teresa por muchos siglos. Llevan razón la Madre Reformadora y Tirmidhi: en la cima del éxtasis, es como si Dios nos revelara el fondo preciosísimo de nuestro propio ser. Al fin sabemos cómo somos de veras, y cuán hondos. Hemos devenido infinitos, como Dios —endiosados *por participación*— y el metafórico pozo de aguas y fuego de san Juan y los castillos de luz de Teresa y de Tirmidhi intentan comunicar una misma hondura incognoscible: el *sinfín sin fondo* del alma en unión transformante.

La experiencia mística nos da pues lecciones abismales en el orden ontológico. El místico descubre, como vengo explicando, que todos, por nuestra propia naturaleza espiritual, somos inacabables por dentro, y por eso mismo buscamos con tanto afán algo que nos colme de veras. Y nuestra única contrapartida infinita es Dios. Increíblemente, Dios es la única «pareja» adecuada del alma, el único «compañero» posible. Nada nos satisface realmente sino Él. Toda otra belleza creada nos deja nostálgicos, insatisfechos, tristes. Es que nuestro ser no conoce fin, y lo sabemos de primera mano en el relámpago súbito de la unión transformante. Por eso insiste el psiquiatra y teólogo Jordi Font en el dilema de la «incompleción» del ser humano, que apunta a que necesitamos una Realidad que trascienda el mundo físico. Ernesto Cardenal lo sabe bien, y explica en su *Vida en el amor* que somos «ánforas rotas», ya que no nos podemos contentar con algo que no sea eterno. Es una intuición que todos hemos sentido en algún momento. Por eso precisamente san Juan insistió en simbolizar una y otra vez esta interioridad cada vez más profunda que nos constituye y que es imposible de hollar, reiterando la noción de Rusbroquio de que «un bien creado» —nuestra mente y limitada corporeidad física— «no puede contener un bien increado» —Dios—. En su «Llama de amor viva», el Reformador advirtió que el alma profunda estaba simbólicamente constituida por unas *profundas cavernas del sentido*. Estas cavernas que constituyen nuestra mismidad ontológica son tan profundas que solo se llenan con Dios:

> [...] es pues profunda la capacidad de estas cavernas, porque lo que en ellas puede caber, que es Dios, es profundo e infinito; y así será en cierta manera su capacidad infinita, y así su sed es infinita [...] (*Llama* 3, 22, OC, p. 307).

Y así su sed es infinita... Me reconozco en estas imágenes por una razón sencilla: cuando experimenté el éxtasis, supe de manera inmediata que mi alma estaba saboreando tan solo un ápice de la infinitud de Dios. Una gota. Infinita, sí, pero una sola gota. Entendí bien el reclamo de un sufí anónimo que admitía haberse bebido todo un mar de agua, pero preguntaba, aún sediento: «¿es que no hay más?». Sabía y aún sé que en aquel medio minuto (o medio segundo) que duraría el trance místico viví tan solo el preámbulo de otros posibles encuentros aún más recónditos en el seno de Dios. La unión con la Esencia divina constituye un estado inacabable, y sé que nos aguardan por conocer infinitos secretos adicionales de Su inaprehensible Misterio. Son muchos los místicos que se refieren a ello, como Ibn 'Arabi, quien en *Las Iluminaciones de la Meca* nos enseña que la percepción de Dios va en hondura creciente. Jamás terminaremos de conocer todos los misterios divinales. San Juan nos había aleccionado bien cuando decía que ni los ángeles Lo pueden conocer: solo Dios se conoce de veras.

Querría apurar otra lección adicional del éxtasis transformante de la cual ya he adelantado algo. Como toda la diversidad inagotable de Dios confluye gozosamente en Su Unidad, el hondón voluble del alma, devenido infinito, es capaz de convertirse en el eje donde confluyen cielos y tierra. Recordemos la febril celebración del «Cántico» de san Juan: en su corazón extático se daban las nupcias bendecidas no solo de los Esposos sino del Amado con las montañas, con los valles, con las noches, con la música silente de su universo creado. Los espacios, antes vacíos de Dios, ahora se recuperan en Dios. Lo creado quedaba redimido en el punto de encuentro inimaginable que es el corazón del místico en unión transformante. El *qalb* de los sufíes constituyó a su vez esa bisagra armonizadora de contrarios. Para Qaysari, el *qalb*, gracias a su posibilidad invertidora (*taqallub*), constituye un intermundo entre lo visible y lo invisible. Kubra propone a su vez que el *qalb* es el vínculo entre la unidad de Dios y la paridad de la creación. La prodigiosa *coincidentia oppositorum* de los sufíes y de san Juan no podría expresarse sin el símil de un corazón o *qalb* mágicamente invertidor y proteico en el que confluyera Dios con la creación. También a mí me fue dado experimentar que el hondón del alma, espejo fiel del Dios vivo, está dotado de una función dinámica que integra y transmuta las energías celestes y que a la vez sirve de punto de convergencia entre la exterioridad cósmica y la subjetividad espiritual del místico. Esta confluencia milagrosa, infinitamente conciliadora, es precisamente la que quise expresar a través de la mandala de la fontana rutilante de mercurio, capaz de contener las nupcias transformantes de lo alto y lo bajo: la cúpula giratoria y el hondón de la fuente parecerían celebrar que habían devenido Uno.

Importa que insista en un punto importante que se desprende de estas altísimas bodas de Dios con su cosmos creado: la vivencia extática no es solo una experiencia inefable de luz y de paz, sino que tiene una repercusión inmediata en nuestra manera de entender la indefectible relación íntima que tenemos con el mundo que nos rodea. De ahí que podamos resignificar el éxtasis no como un evento visionario privilegiado que nos aleja de los demás, sino como un eje o intermundo entre este plano de conciencia propio del mundo físico y el plano divinal. Volveré sobre ello, pues las lecciones del éxtasis en este sentido son siempre muy claras. Si no se traducen en amor y servicio a los demás, el goce extático no tiene sentido. Más aún, podría resultar dudoso.

Querría insistir en uno de los descubrimientos más felices de la unión transformante al que ya antes me he referido: Dios contiene y sustenta toda la desbordante multiplicidad de la creación en el seno de Su Unidad. Intenté comunicar de alguna manera esta lección con el simbólico abrazo de la fuente plateada, que se apropia gozosa del prisma rutilante de colores del *majlis* cordobés. Intuyo que esta imagen está emparentada con otra que san Juan parecería haber aprendido, de seguro sin saberlo, de sus correligionarios sufíes en el siglo XVI. El poeta comenta un verso del «Cántico» en el que los esposos místicos liban vino para celebrar sus bodas ultraterrenales: «y el mosto de granadas gustaremos». Las bodegas vinarias de san Juan son más exquisitas, no cabe duda, que las del *Cantar de los cantares* salomónico, en el que tan frecuentemente se inspira. Pero es en la literatura *à clef* sufí, donde el vino simboliza la embriaguez mística, donde este mosto de granadas resulta un símil místico muy conocido. San Juan advierte cómo bajo la aparente multiplicidad de los granos de la fruta subyace la absoluta unidad de Dios, representada en la bebida embriagante:

> Porque, así como de muchos granos de las granadas un solo mosto sale cuando comen, así de todas estas maravillas [...] de Dios en el alma infundidas redundan en ella una fruición y deleite de amor, que es bebida del Espíritu Santo [,] bebida divina (CB 37,8).

Es precisamente esta fruta —la granada— la que marca la llegada del sufí a la cuarta etapa del camino místico y simboliza, como señaló Laleh Bakhtiar, la integración de la multiplicidad en la unidad, en la morada de la unión. El anónimo *Libro de la Certeza* insiste en la granada como fruta emblemática de la esencia y unidad última de Dios. Aquí no me importa, como sí me importó en otros estudios, el problema filogenético de las extrañas metáforas de san Juan de la Cruz, pero sí confieso que me hago eco de la imagen del zumo de granadas, pues ayuda a explicar los misterios del hondón del alma extática cuando atestigua la disolución de la multiplicidad en el abrazo misericordioso del Uno. Una vez más, recordemos la «baraúnda» de ornatos que santa Teresa vio en el palacio ducal de Alba, y que tan útil le fue al momento de aclarar cómo en Dios todo lo diverso confluye misericordiosamente. Recuerde también el lector la «baraúnda» de formas geométricas policromadas disueltas en unidad en la alfaguara de plata del recibidor del califa de Medina al-Zahra': no podríamos precisar la particularidad de cada una de las formas, tan solo el proceso de la conflagración cromática de su amorosa disolución en Uno.

Quisiera añadir algo más a lo que llevo dicho. La raíz *q-l-b* tiene otra desinencia que al parecer pasó desaprovechada por los sufíes. Tampoco san Juan y santa Teresa, que tantas coincidencias tienen con el sufismo, se hicieron eco de ella. Me refiero a la desinensia *qalaba* (devolver) y *munqalab* (destino, lugar de retorno, suerte, algo mejor). Páginas atrás me referí a la sensación inequívoca de que al entrar en unión transformante no hacía otra cosa que regresar al seno de Dios —mi enaltecida, felicísima casa verdadera— de la que en el fondo nunca había salido. Hago mías pues estas nuevas variantes de la raíz plurivalente *q-l-b*: la noción de estar *devuelta* a un altísimo *destino* trascendido, de incalculable gozo. El que nos aguarda a todos cuando hayamos andado ya el largo camino hacia la Luz.

La voz *qalib*, por más, no solo incluye el sentido de «pozo», y de «palmito» sino de «fuente». Frederico Barboza recuerda que de esta «fuente» fluye o brota el conocimiento, el amor y el sentido último del universo. Por eso precisamente el *qalb* se puede asociar también a la voz *qiblah*, es decir, al punto que orienta la oración canónica en dirección a la Meca para el creyente musulmán. Estamos ante un *locus* teofánico orientador y centrante en el más alto de los sentidos. Así quisiera entender la fuente incendiada de Medina al-Zahra', *alquibla* simbólica que orienta y convoca al visitante al centro último de su propio ser, que es, indefectiblemente, el eje último del Misterio de Dios.

Salta a la vista que las desinencias de la raíz *q-l-b* son de una fluidez tal que parecerían constituir en sí mismas un inesperado muestrario de altas lecciones místicas; una abreviada lección sobre el éxtasis transformante. De ahí que los sufíes la tuvieran en cuenta al momento de explorar el conocimiento experiencial sagrado de sus almas en proceso de transformación en Dios. Me pregunto si al acometer la extraña aventura de estudiar la lengua árabe a los dieciséis años estaba anticipando secretamente algunas de estas lecciones gnósticas...

El lector habrá advertido que, intentando evitar la ominosa alternativa del silencio, he ido hilando signos verbales e imágenes sucesivas con plena conciencia de que, al hacerlo, traiciono aquel instante en cúspide que fue ajeno al tiempo sucesivo porque estuvo inmerso en la Eternidad. Viene en mi amparo san Agustín, que insistió en hablar de Dios pese a su afasia: cuando rumiaba inútilmente Sus misterios trinitarios admitió para la posteridad que lo hacía *non ut illud diceretur, sed ne taceretur*: «no para decirlo, sino por no callar» (*De Trin.* v, 9). Todo místico escribe bajo protesta. Las inmensas verdades que Dios revela de Sí mismo hace que las palabras estallen como vidrios rotos. Escribir sobre Dios es, ya se sabe, tender un velo sobre Dios.

Este hondón último e inimaginable de nuestro ser —ya lo he confesado— palpita como espejo dúctil cuando atestigua las epifanías o secretos sobrenaturales de Dios. Cuando Dios se revela en el ápice del alma, es porque ya nos hemos constituido en Su espejo. La danza de las epifanías celestes siempre nos devuelve a nuestro propio centro iluminado: a Dios mismo, en cuyo seno nos encontramos, porque también se encuentra Él en nuestro humilde seno. Este es el instante intocable en el que de veras osamos susurrar *amada en el Amado transformada*...

Dios hace al alma infinitamente maleable para que Lo pueda reflejar y contener en sí misma. Mi alma, como la de todo místico, reconoció en el instante supremo de la unión que también ella había devenido infinita, pues está hecha a imagen y semejanza de su Creador. *Dilatasti cor meum...* [dilataste mi corazón]: no es metáfora, sino descubrimiento ontológico. En este instante en cúspide el hondón del ser asume de súbito el carácter divinizado que han adquirido sus nuevas facultades cognoscitivas. Recuerde el lector que hablo de una experiencia infusa, que se experimenta de súbito y, curiosamente, con una infinita naturalidad. No hay manera de cuestionar ni de impedir la revelación directa de Dios. La *theopoiesis* constituye la verificación gozosa de la magnitud de nuestra propia mismidad: es la experiencia ontológica suprema a la que todos podríamos aspirar. Desmedida, inacabablemente jubilosa: pero completamente Real. Y, por más misterio, inesperadamente íntima. Todo esto lo discurro devuelta al limitado aquí de las estrechas coordenadas de mi mente racional, ya tan ajena al éxtasis transformante. Pero la alta lección perdura: para experimentar a Dios el alma tiene por fuerza que «divinizarse». «Ser Dios» —ya lo dije con la misma cautela de san Juan— «por participación».

La experiencia mística dinámica es, ya se sabe, simultáneamente reconciliadora, por lo que todas las altísimas noticias de Dios se reciben de manera convergente e inmediata. Todo confluye, iluminado, en Dios. Mi simbólico hontanar de mercurio nos devuelve pues toda la belleza policromada de los rombos, círculos y estrellas multicolores mojados para siempre en luz, de la misma manera que el éxtasis infuso nos devuelve nuestro propio ser recóndito bañado en infinita luminosidad diamantina. El alma, en abrazo íntimo y participativo con Dios, queda devuelta a Su Reino inmarcesible, que ahora sabemos constituye —inmenso consuelo— la esencia última de nuestra mismidad. *Ya bien puedes mirarme / después que me miraste / que gracia y hermosura en mí dejaste.* Esto no es literatura: es verdad. El verso aleccionador de san Juan nos deja saber, por más, que hemos quedado a salvo del narcisismo que le fue mortal al trágico héroe clásico: es lícito enamorarnos de nuestra propia alma en proceso de unión en el Todo, porque es lícito enamorarnos del Todo. Justamente cuando nos disolvemos en Su abrazo de Luz es que realmente *somos*:

> *En un instante habitado por albas y espejos*
> *al fin supe quién era.*

En mi intento por comunicar la tesitura dinámica del éxtasis, clave última de nuestra identidad, me he ido asomando a los veneros místicos de varios espirituales cómplices de los que tengo aprendido mucho. Como la fuente de mercurio en la que elegí mirarme, todos estos manantiales fraternos sirven al alma de espejo fluctuante, y al mirarnos en ellos accedemos a la epifanía infinitamente revelatoria de la unión con Dios.

No hay lenguaje capaz de celebrar estos espejos indecibles.

Perdonen mi alegría.

V

LA RECONCILIACIÓN DE MARTA Y MARÍA

A lo largo de estas páginas me he estado refiriendo por extenso a una experiencia sobrenatural que fue dinámica, suprarracional y profundamente armonizante en el orden del ser. Una vivencia así, por inconcebiblemente hermosa y revelatoria que sea, no se basta, sin embargo, a sí misma. Es de esperar que tenga consecuencias tangibles en la vida de la persona: la unión mística transformante, si se vive bien, no se vive en vano. No puede ser que esta vivencia no lleve implícitas lecciones fecundas y permanentes para la persona que la experimenta y la asume de veras. Advierte oportunamente el teólogo del islam James Morris que si el éxtasis místico se considera aisladamente y como un fin en sí mismo, podría incluso constituir un peligro: un ídolo inconsciente. Hago mía esta advertencia cautelar.

Pocos místicos insisten tanto en ello como santa Teresa de Jesús cuando asegura que de nada sirven las iluminaciones extáticas ni las visiones si no fructifican en obras tangibles. «[...] de esto sirve el matrimonio espiritual: de que nazcan siempre obras, obras» (*Moradas* VII, 4, 6). Casi podemos escuchar el tono con el que la Madre Reformadora alecciona a sus hijas espirituales: hay mucho apremio en su rotundo énfasis, que la hace duplicar la voz «obras». Hasta el filósofo pragmático William James, muchos siglos más tarde, le daría la razón. Para poder calibrar la credibilidad de los místicos, basta aplicar la regla de oro: «por sus obras los conoceréis».

De ahí la insistencia de la santa en el maridaje simbólico de Marta y María —la contemplación y la acción—, y su discreta privilegiación de la primera: «santa era santa Marta, aunque no dicen era contemplativa. Pues ¿qué más queréis que poder llegar a ser como esta bienaventurada? (*Camino* 17, 5). No puedo estar más de acuerdo: el éxtasis, por impactante que sea, no se basta a sí mismo. Simplemente nos pone en camino.

En ese instante sobrenatural refractario al tiempo, que dio paso a un período introspectivo que aún no cesa, pude comprender a fondo lo que de verdad implicaban las lecciones de muchos maestros del alma. Incluso, entendí algunas enseñanzas de la Madre Reformadora que aún no había captado en sus propios términos. Lleva razón la santa cuando dice que «en llegando aquí el alma, todos los arrobamientos se le quitan» (*Moradas* VII, 3, 12) o se dan solo de manera muy ocasional. Pienso que Dios lo decide así para darnos un espacio en el que podamos reflexionar con sosiego acerca el inmenso don recibido. Ya he confesado que a mí me ha tomado décadas hacerlo, y aún sigo en ello. De ahí que pudiera asimilar al fin, y en sus propios términos, que el «matrimonio espiritual» que Teresa celebra en las séptimas moradas de su famoso tratado místico no era otra cosa que la plena aceptación y compromiso para con estas vividuras sobrenaturales que cambian el camino del alma para siempre. Si no se asume la experiencia a cabalidad, no pasamos a esta morada, que la santa considera, con gran acierto, nupcial. Ya no es necesario que haya más revelaciones místicas (propias de la «vía iluminativa» que cantan los poetas); aquí lo que toca es abrazarlas y comprender a plenitud su verdadero provecho, y hacerlo nuestro de manera práctica. Como la Madre Reformadora dejó dicho, hay quienes tienen la experiencia y luego se separan de ella o no la exploran: esas almas, dice, son a manera de dos velas, cuyos cabos de fuego se unen momentáneamente, pero luego se pueden separar. Muy distinto es el caso de los que asumen la unión con Dios para siempre, que es posible comparar, sugiere la santa, a la lluvia que cae en el río o a la luz que entra desde distintas ventanas a una misma habitación: ya es imposible separar el agua o la luz originales del conjunto inextricable que producen tras su abrazo: forman ahora un cuerpo de agua íntegro; una iluminación unificada sin fragmentación posible. El primer caso, dice santa Teresa, es el de los esponsales, propio de lo que se prometen en matrimonio, pero que aún pueden romper su pacto; el segundo caso es el del matrimonio, que ya es para siempre. Voy a compartir lo que puede suceder al alma una vez se accede al estado nupcial con el Todo, que lleva implícita la dicha de ser una morada permanente. Una morada llena de lecciones renovadas, sobre todo en el orden de la reconciliación. Volveré sobre ello.

Pero antes debo advertir que cada cual reacciona a la experiencia del éxtasis unitivo «según su modo y caudal de espíritu», por decirlo con palabras del maestro de Fontiveros. Ya sabemos que «a otras personas será por otra forma» (*Moradas* VII, 2), como riposta sabiamente santa Teresa, que también aconseja que quien haya tenido la vivencia del Todo debe traerla «muy presente de ordinario» en su alma (*Moradas* VI, 5). Los maestros espirituales saben que no hay reglas absolutas para estos delicados procesos alquímicos, que son de suyo intransferibles. Por eso conviene no condenar los caminos que pudiera tomar el prójimo y que pudieran parecer ajenos a nuestra sensibilidad. Siempre y cuando den buenos frutos, son legítimos.

En mi propio caso confieso que supe de primera mano que quien incorpora de veras la experiencia mística transformante a su vida pasa por fuerza a vivir *sub specie aeternitatis*, es decir, a la luz de la eternidad, constantemente ante la presencia de Dios. Todo adquiere un sentido nuevo en Dios, y esto, aun a pesar de que sigamos haciendo lo que antes hacíamos en nuestra vida diaria. Algunos místicos —quizá los más extraordinarios, que acaso sean los menos, aun cuando hayan sido los más célebres— registran cambios dramáticos en sus vidas: reforman o fundan órdenes religiosas (como hicieron san Bernardo, san Benito, san Ignacio, santa Teresa y san Juan); ayudan heroicamente a mejorar la vida de los menesterosos con un sentido de *caritas* extremo (ahí están san Francisco de Asís y santa Teresa de Calcuta); intentan redimir instituciones o países política y socialmente torturados (tal Thomas Merton, Ernesto Cardenal, Catalina de Siena y Dag Hammarskjöld); incluso colaboran en la fundación de naciones (santa Juana de Arco); o bien se convierten en maestros universales (como Sri Shinmoy, Paramahansa Yogananda y Seyyed Hossein Nasr). Otros místicos cantan delicadamente lo sucedido, como la islamóloga y poeta Annemarie Schimmel. Aun otros, en cambio, intentan vivir con más plenitud, conocimiento de causa y responsabilidad su propia vida cotidiana, que dejan inalterada —o aparentemente inalterada— en lo fundamental.

Nadie crea que la experiencia mística quedó circunscrita a los antiguos monasterios del siglo XVI. Dag Hammarskjöld, secretario general de la ONU en la segunda mitad del siglo pasado, tuvo vivencias extáticas, aunque las silenció por completo. Afortunadamente, al igual que Pascal, las dejó escritas como testimonio póstumo, por lo que hoy nos ha sido dado conocerlas. *Secretum meum mihi* —«mi secreto es para mí»— terció, por su parte, Gertrude Stein, encubriendo lo que de verdad le pudiera haber acontecido. La hija del Carmelo y de Israel llevaba razón, pues solo ella entendería a cabalidad la magnitud del abrazo sobrenatural del Todo, si es que sus enigmáticas palabras realmente hacen referencia a ello.

Tras experimentar una teofanía semejante a la que describo en estas páginas, un amigo laico, profesor de filosofía, me confió que se sintió tan avasallado que llegó a considerar hacerse monje. Pronto comprendió que no debía hacer otra cosa sino seguir con su vocación de estudioso, que era su verdadero carisma. Dice bien el antiguo adagio oriental: «Después de la iluminación, a seguir fregando los platos». O, como propone el Zen en otro sapientísimo refrán de carácter práctico, sencillamente regresamos «de vuelta al mercado». Santa Teresa lo explica con símiles que, una vez más, tienen deliciosos ribetes domésticos: «entre los pucheros anda el Señor» (*Fundaciones* V, 8). Comprendo muy de cerca la estupefacción de mi colega universitario ante su inesperada iluminación: así me sentí yo también. Todos nos preguntamos qué hacer después de la vivencia del éxtasis. Es obvio que cada cual ha reaccionado de manera distinta al don recibido: el camino místico no es igual para todos.

Ernesto Cardenal, poeta contemporáneo y a la par monje trapense, sacerdote y revolucionario, había dejado anónima la única viñeta puramente mística de su *Vida en el amor*, y no tengo reparos en confesar al lector que yo misma fui quien lo animó a que hablara de la vivencia mística en primera persona con sus lectores. «Ese tema místico te interesa tan solo a vos, por ser tan tuyo», me increpó hace años, como si a ningún otro lector le pudiese interesar. Pero el tema era tan «suyo» que si no lo tomamos en cuenta habremos de leer el conjunto de su obra fuera de foco, pues la sustenta la misteriosa vivencia del Absoluto que solo andando los años hemos podido conocer. Gracias a Ernesto he comprendido que la experiencia mística no está circunscrita ni a los claustros de antaño ni a los santos canonizados: es un don gratuito de Dios al que todos —tanto laicos como religiosos— podemos acceder.

Interesa aquí el testimonio de otro colega, esta vez de Harvard, experto en psicoanálisis y sufismo, quien me confió que, tras experimentar numerosas experiencias místicas en su juventud, procedió a hacer vida de plegaria y reclusión. Años después advirtió que no se había ocupado de desarrollar la integridad de su persona, pues había descuidado su vida intelectual y aun su vida sentimental. Tras acudir a terapia psicoanalítica optó por abandonar su excesivo aislamiento. Se doctoró y se casó, pero, eso sí, no por eso sus experiencias trascendidas dejaron de ser lo más central de su vida. Simplemente coexistían con armonía con el resto de los dones que tenía recibidos y que había decidido potenciar a su vez. Doy fe de que su vida profesional y sus escritos ilustran la sabiduría de su decisión, pragmática y a la vez iluminada. Ahora sus enormes conocimientos de mística y de religión comparada son de todos.

Otro místico laico con quien tuve la ocasión de compartir largamente fue Jorge Luis Borges. Su caso reviste interés para lo que estoy intentando explicar en torno a la manera de reaccionar ante el éxtasis místico, que es tan variada como las almas que lo experimentan.

A despecho de su condición agnóstica, Jorge Luis Borges admitió que había experimentado el don místico, aunque solo se animó a hablar de este tema tan privado cuando alcanzó los ochenta años. En una entrevista que concedió al sanjuanista Willis Barnstone en 1983 le describió lo sucedido: el trance que lo catapultó a estar al margen del tiempo y a experimentar el Todo lo había dejado «avasallado, atónito» (*overwhelmed, taken aback*, fueron sus dramáticas palabras, ya que la entrevista transcurrió en inglés). Tuve la ocasión de conversar muchas veces con Borges acerca de sus dos experiencias místicas, tanto en la más completa intimidad como en público, y jamás podré olvidar la expresión de estupor de su rostro, aún marcado por el destello de unas vivencias sobrenaturales que aún no comprendía del todo. Borges me aconsejó leer en especial su poema «Mateo XXV, 30», que consideraba su mejor esfuerzo por dejar dicho algo del éxtasis vivido en sus años de juventud. Estas vivencias sobrenaturales le importaron tanto que proyectó explorarlas a fondo con un maestro zen en Kiotto a lo largo de un año, sirviéndose del método del *koan*. Cuando Borges le comunicó al maestro lo sucedido, este comprendió enseguida que se trataba de la experiencia de la iluminación o *satori*, pues también él la había tenido. Pero el destino no estuvo de parte del maestro argentino, porque enfermó mortalmente de cáncer antes de poder emprender su peregrinación mística al lejano Oriente, con cuya espiritualidad siempre se había sentido identificado. Solo cabe imaginar lo que hubiera aprendido Borges al calor de las enseñanzas Zen. Me he animado a escribir sobre los testimonios del gran escritor, porque su condición de místico laico me parece particularmente aleccionadora para comprender la condición gratuita del don místico.

Como vemos, cada persona reacciona al éxtasis transformante según su propio perfil espiritual. Pero, en la mayoría de los casos, el místico que logra asumir plenamente su teofanía (cosa que por cierto no todos logran), opta por reformar interiormente su propia alma y por culminar con actos concretos los altos dones recibidos, pues ya ve la existencia a una nueva luz sobrenatural. La fe o la intuición religiosa de antaño han dado paso franco a la certeza espiritual. Ya el místico no duda; ni siquiera *cree*, sino que *sabe*. Y se sabe armonizado al fin con su propia existencia.

Esta nueva estancia nupcial conlleva, en efecto, un estado de profunda armonización con el universo: de ahí que me animo a considerarla como la morada de la reconciliación. Una de las lecciones más hermosas de este estado unitivo místico (devenido también psicológico) es precisamente este sentimiento de amor avasallante y conciliador que se siente por todos los seres. Al menos para mí ese fue uno de los «síntomas» principales que me dejó saber que había comenzado a entender la experiencia y a colocarla en el centro mismo de mi ser. Comprendemos de primera mano que la creación está inextricablemente unida en el seno de la Esencia divina, donde se armoniza. Lo supo bien John Donne cuando vio el universo desde esta óptica unificada: ... *send not to know / for whom the bell tolls; it tolls for thee* [no envíes a preguntar / por quién dobla la campana, / dobla por ti]. La vara por la que todo comienza a medirse en esta nueva etapa espiritual es la compasión. Una compasión sin fisura posible. El cosmos se ha teñido de una nueva luz trascendida, y al fin se entiende a fondo la fórmula de san Juan de la Cruz: *donde no haya amor, ponga amor, y sacará amor*. Incluso cuando no saquemos amor, ya no podríamos dejar de ponerlo. El amor es la mejor recompensa del Amor.

El prójimo *c'est nous* [es nosotros]. Todos somos hermanos, y amamos instintivamente ya sin juzgar los méritos de estos nuestros hermanos. Siempre pienso que lo que parece maldad u odio se debe a que todos los seres humanos estamos en distintos momentos de crecimiento o evolución espiritual. Imposible pues no amar a todas y cada una de las almas hermanas que van de camino, aunque no lo sepan: quien ha rozado de cerca el Amor total de Dios es imposible que no siga viviendo siquiera los destellos de ese Amor en este plano de existencia. Otra cosa sería impensable, pues en esta etapa el alma sabe por experiencia directa que todos estamos unidos en el seno misericordioso de la Esencia divina y, por lo tanto, somos parte jubilosa y necesaria de ella. Ya no es que tengamos que «perdonar» a nuestros «enemigos», es decir, a quienes nos hieren innecesariamente: es que todo está perdonado de antemano. Eso no quiere decir que no condenemos sus actos de desamor, de odio o violencia: es que ahora somos capaces de perdonarlos muy hondamente, y capaces también de intentar reenrutarlos hacia el Amor. Si así lo consienten, que esto no siempre está en nuestras manos, ya que todos tenemos libre albedrío. Esto, lo aclaro inmediatamente, no es un acto heroico consciente en el que logramos vencernos a nosotros mismos por razones éticas para entonces tender la mano condescendiente a los demás, superando nuestro posible desagrado: no, es que esta camaradería amorosa fraterna fluye instintivamente del alma con un amor irrestañable. Se trata de un nuevo estado, y es inexorable. Sobre todo, felicísimo.

En esta nueva morada nos es dado comprender muy desde dentro que casi siempre los actos de crueldad, de odio o de traición de las personas no son otra cosa que un grito pidiendo amor. Puede sonar extraño, pero me animo a decirlo: incluso si alguien inflige daño, al margen de que se pueda sentir la esperable incomodidad emocional por el agravio recibido, el alma suele derretirse de amor por esa persona. Ya puede comprender que la agresividad y la violencia suelen ser gritos desvalidos de auxilio pidiendo reconocimiento y compasión. Estamos ante síntomas trágicos que apuntan a que estos seres tienen un *black hole* atemorizante donde debería estar el amor. La extrema vulnerabilidad, el miedo y la baja estima propia emocional hace a las personas crueles, aunque no lo sepan. Importa pues ponernos en los zapatos de los demás para comprender más de cerca sus motivaciones ocultas. Este obligado abrazo humano al prójimo que digo no implica condonar conductas malvadas o patológicas, ni dejar de indignarse por la crueldad humana, ni evadir nuestra obligación de denunciar lo injusto (tarea que yo misma me he impuesto más de una vez), ni tampoco aceptar relaciones tóxicas que nos hagan daño. Perdonar no es permitir los crímenes de los demás. Es simplemente comprender con compasión el error, por grande que pueda ser, pues Dios sabe de las tribulaciones de cada alma y el porqué recóndito de sus actos. El desamor detona conductas aberrantes, pero todos somos hermanos, y violar esta ley espiritual fraterna se nos antoja impensable en esta morada del alma. La tesitura de nuestra relación con los demás seres cambia radicalmente después de una experiencia unitiva con el Amor último, y la compasión es la consecuencia inmediata de esta mirada renovada que damos a la vida después de la iluminación.

Aclaro que esta secreta bienvenida a la generosidad se suele hacer desde el propio nicho vital de cada cual; en mi propio caso, desde el ámbito modesto de la vida universitaria que me ha tocado vivir. Pero no hay espacio, por humilde que sea, que no reclame luz y necesite amor.

Hay quienes han practicado el perdón y la compasión desde experiencias de sombra inenarrable. Cuenta el Dalai Lama en el *Libro de la alegría*, que recoge sus conversaciones espirituales con el arzobispo Desmond Tutu, el caso de un amigo tibetano que, en medio de los disturbios entre China y Tíbet, fue apresado y enviado a un *gulag* chino. Allí, sin zapatos en medio del invierno, pasó un frío tan extremo que cuando escupía se congelaba la saliva antes de caer al suelo. Su hambre fue tal que intentó comer el cuerpo de un prisionero muerto, pero la carne se había congelado y estaba demasiado dura para morderla. Demás está decir que los guardias torturaban constantemente a los prisioneros, y combinaban el tipo de tortura china con la soviética y la japonesa para quebrarles el espíritu. Este correligionario del Dalai Lama, tras dieciocho años de trabajos forzados, logró llegar a la India y narrarle a su amigo lo sucedido. Le contó que había pasado auténticos peligros en el infamante campo de trabajo, y Su Santidad creyó que se refería al peligro de muerte que sin duda lo acecharía a cada momento. Pero no, el prisionero tibetano le explicó que había estado a punto de perder la compasión por los guardias chinos. Algunos de sus compañeros, como él, consideraron que aquel *gulag* había sido un espacio único para poner en práctica la paciencia y, sobre todo, la compasión. A veces nuestros enemigos son nuestros mejores maestros. El arzobispo Tutu reflexiona a su vez que si no perdonamos a la persona que nos ha herido, esa persona tiene la llave de nuestra felicidad, y será nuestro carcelero. Cuando perdonamos, recuperamos el control sobre nuestro destino y nuestros sentimientos: somos pues nuestros propios libertadores. Como se sabe, la práctica de la compasión, contrapartida de la caridad cristiana, es crucial en el budismo: por eso un *bodhisatva* busca alcanzar la iluminación no solo por beneficio propio, sino por amor a todos los seres sensibles. El caso más extremo de esta compasión es el del iluminado que, una vez liberado del ciclo de reencarnaciones, decide regresar al plano físico tan solo para ayudar a los demás. Es como si pensáramos que Jesús repitiera su supremo sacrificio redentor de la Cruz en infinidad de vidas voluntarias adicionales.

Recuerdo en este sentido una curiosa reflexión de la psiquiatra Elizabeth Kübler Ross, tan dada a explorar los misterios del alma: puesta a imaginar cómo sería el metafórico «infierno» de Adolf Hitler, que violó como pocos el mandato de la *cáritas*, imaginó que bastaría con que le fuera dado entender, en una fracción de segundo, el daño que había infligido a cada uno de los millones de las personas que, para su desgracia, atormentó, y a cada una de las personas que ese sufrimiento individual había afectado a su vez. La inmensidad de esa revelación atroz sería entonces el simbólico «infierno» del canciller alemán. En otras palabras, entender con pormenor cómo había violado el pacto de amor al que estamos obligados con el prójimo desde el momento en el que venimos al mundo: el tormento de asumir la revelación incesante de nuestro propio desamor es a manera de una experiencia mística *à l'envers*. Por eso doy en orar de manera especial por almas denigradas y desatendidas por la comunidad creyente: por Hitler, entre tantos otros. Todos merecen nuestra plegaria ante Dios, el abrigo protector de nuestra piedad fraterna.

Confieso que me derrito de amor por personas que me han infligido daño y anhelo abrazarlos prolongadamente. Cuando me ha sido dado dar este abrazo tan deseado, me sabe a Paraíso. Me consta que a muchas personas se les hace difícil comprender que lo hago con una sinceridad que ya no admite cuestionamiento, y que no conlleva mérito propio alguno. Ruego que esto último lo entienda el lector, a cambio de haber confesado estos abrazos secretos que implican un olvido sincero de lo que estos seres pudieron haber hecho contra mí. Solo quiero abrazarlos —sin palabras ni explicaciones, que sobran y que incluso podrían malinterpretarse— para que puedan sentir cuánto los quiero. Para que puedan estar seguros de que no les represento peligro. No hay felicidad más grande que intentar calmar el dolor de su desamor recóndito, pues cualquier mal, como señalé, es en el fondo una verdadera orfandad de amor. Los ataques injustificados encubren a veces un amor mal dirigido, que no ha encontrado su meta correcta. Quien odia mucho en el fondo podría estar amando o incluso admirando a la persona que motiva su «odio»; también quien ataca al «otro» es acaso porque ataca las cualidades del «otro» que en el fondo tiene él mismo.

Y aquí viene a cuento un proverbio árabe que abrevia una lección sapiencial hondísima: «Una persona feliz nunca es peligrosa». Pocas verdades hay más rotundas que esta. Se es feliz cuando uno se ha reconciliado hondamente consigo mismo. Una persona ensimismada, egoísta o demasiado desdichada no puede tender su mano a los demás y tiende a hacerlos infelices.

Este abrazo solidario del que hablo es pues uno de los frutos de esta morada de reconciliación, porque el alma que asume la experiencia mística sabe bien que no solo ha vivido el Abrazo divino, sino que todos los seres, de alguna manera que no soy capaz de explicar, lo habremos de vivir, porque ontológicamente somos hermanos en Dios. Nadie debe quedar fuera de este abrazo supremamente redentor.

Otra lección propia de la dimensión reconciliatoria que he obtenido en esta particular morada del alma es la estima propia espiritual. Estimarse a sí mismo es amarse como Dios nos ha amado. Aunque no es fácil acceder a este sano amor propio, si no nos amamos no podremos amar bien a los demás: *amar al prójimo como a uno mismo* es un mandato de implicaciones muy complejas. Y muy saludables. Aunque nunca he podido dejar atrás la plegaria del *Domine, non sum digna*, admito que no me siento hermanada con la imagen del «gusano podrido» con el que se comparaba humildemente santa Teresa en un discurso oloroso a retórica escrituraria obligada. No somos nada, es verdad, frente al Amor innombrable de Dios. Pero cuando ese mismo Amor nos abraza y nos convoca a ser Uno con Él, entonces es imposible sentir que no valemos absolutamente nada. Por eso, más bien prefiero pensarme como una tímida gotita de agua en el mar sin orillas del Uno, o como una estrellita titilando en Su cosmos inacabable: poca cosa, pero revestida de dignidad ontológica, porque Dios nos hizo a Su imagen y semejanza. ¿Por qué carecer de estima propia espiritual y dejar de aspirar a ser felices con nuestra condición, que es en última instancia compatible con el Amor esencial de Dios? La estima propia psicológica me parece tan importante como la espiritual: siempre debemos aspirar a tener actitudes saludables en todos los renglones de nuestra existencia.

Sigo intentando explicar las consecuencias de asumir el éxtasis, porque hay más. En esta feliz morada de la reconciliación al alma también le es dado percibir los vínculos sagrados, a menudo de carácter sobrenatural, que tienen los sucesos de la vida cotidiana. Hemos hecho la paz con el mundo. Incluso el alma es capaz de descubrir el sentido oculto que sus intuiciones más profundas y decisivas pudieran tener, ya que todo forma parte de una inextricable unión llena de sentido gozoso en Dios. Sospecho, por ejemplo, que mi antiguo deslumbramiento ante la leyenda del *majlis* de Medina al-Zahra' estaba enigmáticamente cuajado de futuro; que mi sofomórico pero entusiasta aprendizaje autodidacta del árabe a los dieciséis años tenía repercusiones espirituales y académicas que aún no me era dado conocer; que el amor instintivo y avasallante que me suscitaron los versos de san Juan de la Cruz la primera vez que los leí estaba a su vez henchido de significados que fructificarían largo tiempo después. Poco a poco vamos entendiendo *in divinis* los designios de Dios ocultos bajo los fenómenos aparentemente aleatorios y dislocados de la vida. Esta, naturalmente, sigue siendo misteriosa, pero por fuerza ya se nos ha convertido en un prodigioso tapiz al revés, cuyo envés sobrenatural cada vez atisbamos con mayor clarividencia. E incluso cuando no lo podamos intuir, sabemos que de todas maneras las cosas y los sucesos (por atemorizantes, dolorosos, injustos o extraños que nos puedan parecer) encubren una miríada sagrada de posibles sentidos secretos; una oportunidad de aprendizaje. Los aceptamos porque la paciencia y la esperanza suplantan automáticamente la desesperación. Todo tiene su explicación en Dios. *Todo se pasa, Dios no se muda*, como supo santa Teresa.

El alma descubre en esta nueva etapa del camino que cuando santifica de veras los seres y las formas cambiantes de este plano es justamente que puede entenderlas, reconciliarlas e incluso trascenderlas, como enseña S. H. Nasr en *Knowledge and the Sacred* [*El conocimiento y lo Sagrado*]. Mucho antes san Juan de la Cruz nos había dado lecciones importantes en ese sentido. Ya se sabe que siempre he considerado que es el poeta más feliz de las letras españolas, y que incluso he llegado a referirme a él en mis estudios como «el poeta de las caricias». Y ello, a despecho de su prosa teológica, de su vida ascética de renuncias y de su proclividad a la ascética del vacío. Sospecho que el Reformador nos entregó lo más decisivo de su psique profunda —es decir, del hondón de su alma, incendiado de amor— en sus versos embriagados de luz, de pasión y de inmensa alegría. La misma de la que había dado fe Rusbroquio en el *Libro de la más alta verdad*. El abrazo jubiloso de lo fenoménico que vemos en la poesía mística del Reformador, de la que tanto sigo aprendiendo, es sin duda excepcional en el contexto de la poesía renacentista, obligada a la retórica del neoplatonismo y a la renuncia de los sentidos, como postulaban Ficino, Petrarca y Garcilaso. Pero san Juan, dando un mentís a esta tradición poética consagrada, explica a su interlocutora Ana de Jesús, destinataria del «Cántico», que ha elegido expresar sus nupcias místicas con el lenguaje alborozado del libro de toda su vida, el *Cantar de los cantares*. Quien elige dar noticia poética de su alma desde este discurso tan soleado en materia amorosa vibra aún de júbilo después del encuentro sin par con el torbellino de luz de que es Dios.

Es que los versos de san Juan parecerían, en efecto, darnos noticia de que se está moviendo en un universo redimido —es decir, reconciliado— que celebra la vida del espíritu desde la *santa materia*, por decirlo con palabras de Teilhard de Chardin. Su poesía ejemplifica esa comprensión cabal que el alma iluminada da al universo creado, sin que ello implique ataduras innecesarias a lo material. Un vínculo sagrado o *continuum* interrelaciona lo creado con lo increado, por hacerme eco ahora de la propuesta cosmoteándrica de Raimon Pannikar, tan consoladora y tan hermanada con lo que he venido argumentando aquí. (Pannikar acuña el término a partir de la voz *anthrôpos*, que se refiere al ser humano, mientras que entiende la palabra *teandria* como la unión de lo divino y lo humano sin confusión). Todo ello consuena con el júbilo irreprimible de los versos de san Juan, más aún que con su vida ascética personal, cuyas renuncias y noches oscuras expresa en una prosa rigurosa, que parecería bastante ajena, por cierto, al *cántico* soleado y enternecido que constituye su poesía más representativa. Por razones de mi propio temperamento místico feliz, el Reformador ha sido siempre mi poeta de cabecera. Para mí es realmente *a mystic's mystic*, sobre todo en lo que atañe al júbilo con el que nos da cuenta de su vivencia mística. Como él, yo solo la puedo entender y vivir con felicidad extrema, aunque ya previne al lector, con santa Teresa, que «a otras personas será por otra forma» (*Moradas* VII, 2).

Esta alegría impertérrita que muestra el poeta de Fontiveros cantando en medio de todas las cosas y cantando a todas las cosas conlleva lecciones místicas muy hondas que me ayudan a explicitar este abrazo que ahora en esta morada solemos dar a lo creado justamente para poder reconciliarlo y trascenderlo, sin olvidar, sobre todo, a los seres de carne y hueso. En los versos sublimes del «Cántico» y la «Noche oscura», en los que san Juan hace dialogar lo fenoménico con lo trascendido, la protagonista poética, una simbólica mujer enamorada, abraza lo visible —el amor de pareja, la caricia— sin temor, porque en medio mismo del abrazo trasciende el abrazo, en medio del deseo cumple un deseo aún más alto, en medio de la intuición encuentra la certeza. Los versos henchidos de dicha descubren de súbito —y esto lo digo de manera *literal*— que Dios se encuentra simultáneamente en todos los registros del abrazo, del deseo y de la intuición sedienta. Lo humano y lo divino celebran en la poesía de san Juan de la Cruz unas inesperadas nupcias de los contrarios: el abrazo humano y el divino se reconcilian, pues son cónsonos el uno con el otro. Son simplemente distintos registros de un mismo Amor. El Ser lo permea todo, la Unidad subyace la aparente dualidad, cesa el antagonismo de lo corpóreo y de lo sutil. Esto es precisamente lo que canta san Juan en sus versos regocijados. Claro que lo hace de manera simbólica, pero su testimonio de dicha está ahí, y es inapelable. No importa que el rigor teológico de su prosa explicativa a veces pareciera llevarlo por caminos menos exultantes: como se sabe, la poesía siempre está más cerca del pálpito del alma que el discurso analítico.

En este punto del camino que doy en llamar la morada de la reconciliación, y que considero cónsono con la morada del *matrimonio espiritual* de la que nos habla santa Teresa de Jesús, todo culmina integrado, asumido, transfigurado. «Nada se margina o se considera irredimible; el cuerpo [...] incluido»: aunque la reflexión es de Raimon Pannikar, los versos de san Juan parecerían, como vimos, adelantarse a su visión armonizada del universo. El místico que ha asumido a fondo el don unitivo recibido lo sabe. Pero advierto enseguida, de la mano del místico catalán, que este *mysterium coniunctionis* de las distintas esferas de lo real no significa fusión ni confusión, ni tiene por qué ser panteísmo ni monismo de ninguna clase. La realidad última es armonía y relación constitutiva entre todo. La inmanencia de lo divinal en lo creado es, una vez más, sinónimo de reconciliación. Y de reconciliación precisamente es de lo que he estado hablando aquí. Porque es de esta manera que percibimos el universo redimido cuando lo abrazamos después de asumir de lleno la experiencia mística transformante. El universo está lleno de Dios cuando lo sabemos estrechar con sabiduría regocijada. En esta morada atestiguamos un ascenso constante de las energías del alma, un abrazo conciliatorio y totalizador que suele conllevar mucho misterio pero que florece en toda su plenitud.

A partir de este momento penetramos pues el mundo fenoménico con reverencia y con un talante compasivo y redentor. Todo se reorienta a fines más altos: abrazamos la belleza creada pero sin quemarnos en ella, porque, como dejé dicho, la trascendemos. La maravilla es que lo hacemos sabiamente, sin negarla. En esta etapa las almas aprenden a respetar la simultaneidad del gozo con la espiritualidad más impoluta, aquella que trasciende ese mismo gozo del que surge. Todo queda unificado en la sagrada alquimia del Amor, porque comprendemos al fin, gracias a la unificación de nuestra conciencia, que el universo está lleno de Dios. Ahora sabemos, con un conocimiento que ya no admite duda posible, que Dios es pura unidad, que constituye la esencia ontológica última de cada ser humano, el Uno sin dos, el Absoluto al que tienden todas las energías cambiantes del universo, por hacerme eco aquí de las propuestas esclarecedoras de Ramiro Calle. Al comulgar con el universo transformamos sus energías en un abrazo unitario y homologador, el mismo que, nos consta, llevamos muy adentro.

Salvando las diferencias, puedo asociar esta etapa espiritual que suaviza el tradicional antagonismo entre la carne y el espíritu con las propuestas del citado estudioso Ramiro Calle en torno a la dimensión más equilibrada del tantrismo. Esta postura espiritual enseña que el alma, de la misma manera que el león atraviesa el aro de fuego sin quemarse, puede atravesar lo fenoménico sin dejarse atrapar por ello, sino, por el contrario, lo puede utilizar de trampolín para proyectarse hacia el Ser último. La vía de la accesis ascética intenta apagar el fuego interior (y de esas renuncias sabemos mucho en la tradición cristiana); mientras que esta otra vía tántrica lo reorienta en base a fines superiores: se trata de la armonización de nuestras propias energías psíquicas y espirituales. No tenemos que vibrar ya bajo los impulsos desordenados de los deseos inconscientes, sino que podemos servirnos de ellos como instrumento de la conquista de niveles espirituales más altos. El alma aprende que todo suceso o toda pulsión es capaz de aleccionarnos espiritualmente si los sabemos reorientar hacia Dios. La honda modificación de la conciencia propia de esta morada de la reconciliación nos ayuda a captar la realidad esencial que subyacen las cosas, capaz de ser asumida pero redimida, como dejé dicho, hacia fines más altos, hacia la dimensión inmutable de Dios. Al insistir en esto no hago otra cosa que dignificar la felicidad humana, que no tiene por qué ser obliterada tras el éxtasis místico, sino vivida, a partir de él, *sub specie aeternitatis*.

San Juan de la Cruz, como vengo apuntando, parecería representar el drama de la ascensión de las energías de lo fenoménico hacia lo celestial en sus versos de amor, sobre todo en su «Noche oscura», que no es sino una oda a la reconciliación. Pese a que en su vida ascética y en sus tratados teológicos se nos muestra —ya lo sabemos— como el imperturbable hombre de renuncia, en su poesía celebra el abrazo humano desculpabilizado, incluidas las caricias. Ello implica calladamente que todo en el universo está bendito y que todos los registros del amor se armonizan en Dios. Lo intuyó san Pablo: *Si en el cuerpo o fuera del cuerpo no lo sé, Dios lo sabe...* Aquí entendemos también lo que Ernesto Cardenal propone en su *Vida en el Amor*: todo ora en el universo, desde el ternerito llamando a su madre hasta Romeo silbando bajo el balcón de Julieta. Recordemos, por más, la alta lección del *Cantar de los cantares*, que podemos leer como un poema sensual y sagrado *a la vez*. Incluso, el *Kama Sutra* sánscrito, que Vatsyayana asegura escribió «en alta contemplación con la Deidad». Lo humano y lo divino danzan hermanados y es difícil no darle la razón a la alta lección de Teilhard de Chardin en torno a la *santa materia*.

San Juan resulta pues un gran maestro en este sentido: las caricias que la enamorada daba a su amado en la «Noche oscura» de repente se las devuelve el aire inmaterial y trascendido asociado a Dios —*el aire del almena*— que suspende los sentidos y hace que todo cese, incluyendo los sentidos: *cesó todo*. Del amor humano hemos pasado, sin advertirlo, al Amor Divino. Todo se simultanea: un espacio creado se derrite en otro increado, o más bien revela Otro que parecería su contrapartida pero que en el fondo es su más auténtica realidad recóndita. El Absoluto lo subyace todo, si sabemos observar con veneración lo creado. Hemos llegado a la meta del Amor unificante: lo fenoménico tiene la capacidad de permitirnos intuir lo Inmutable. Estos secretos de lo creado se nos desvelan con extraordinaria generosidad en esta etapa del camino místico en la que ya el alma ha asumido la alta gracia recibida. Cuando abrazamos las cosas no es ya para quemarnos en ellas, sino para trascenderlas, incluso mientras las amamos. O, acaso mejor, para caer en cuenta de que todo el tiempo estaban trascendidas. Otro tanto sucede con el abrazo, ahora tan feliz, que damos a nuestros supuestos «enemigos». Perdonen: la palabra se derrite gozosamente y para siempre —quise decir: el abrazo, ahora tan feliz, que damos a nuestros hermanos—. Que, en este universo ya unificado, nos damos también a nosotros mismos.

Esta es pues la etapa que vengo denominando como la morada de la reconciliación, ya que el alma ha devenido capaz de descubrir el secreto divinal que subyace la belleza creada, que, bien entendido, catapulta al alma a lo Real. Y que lo hace de manera cabal y permanente, pues se trata de una *morada* y no de un estado transitorio. En esta altísima boda simbólica interior (santa Teresa la llama «matrimonio espiritual» y Ramiro Calle «matrimonio interno») lo fenoménico se armoniza al fin con el mundo trascendente. El abismo entre lo material y lo espiritual, lo exterior y lo interior, lo temporal y lo eterno, no es insalvable. Por volver a decirlo en clave tántrica, hemos «cabalgado el tigre» del universo creado, pero hemos salvado el peligro, ya que se nos ha rarificado en levísima Luz pura. De ahí el júbilo que invade al alma, pues el Amor asume simultáneamente todos sus registros posibles en este instante de homologación última de Dios con su universo creado. Hemos llegado a la alta morada de un Abrazo reconciliatorio que ya es nuestro para siempre.

A la luz de esta armonización podemos comprender mejor una anécdota atribuida a san Bernardo: un día lo criticaron por cabalgar una mula lujosamente enjaezada, y él admitió con candor que no había advertido el lujo de su montura. Había adquirido la capacidad para navegar entre las cosas sin sentirse atado a ellas, trascendiéndolas. También está el caso de dos monjes zen que llegan a la orilla de un río. Una joven quiere cruzarlo, pero no puede por lo ampuloso de la corriente; entonces uno de los monjes la sube sobre sus hombros y la pasa a la otra orilla. Pasado el incidente, los religiosos siguen su camino, pero uno le reprocha al otro que haber ayudado así a la joven iba en contra de su celibato. Contesta el aludido: «Yo he dejado a la joven en la orilla, pero tú todavía la llevas en los hombros». Como san Bernardo, el monje zen era un auténtico desposeído, pues bogaba con comodidad en el mar de lo creado sin sentirse atrapado por él. No hay que eliminar las cosas, sino el apego excesivo o malsano a las cosas. Pero hay más: el alma descubre, en esta particular morada nupcial que he venido comentando, que la belleza creada puede, en lugar de atar a la persona, llevarla a vivir niveles más altos de conciencia. Ya todo es redimible, todo es capaz de aleccionarnos, incluso de ayudarnos a crecer espiritualmente. De esta actitud espiritual jamás debe desprenderse que sea lícito llevar una vida licenciosa y sin riendas éticas; de lo que se trata es de asumir con equilibrio y gratitud la felicidad que Dios pueda darnos. Ya estos dones no tienen por qué distraernos, ni hacernos daño, ni sumirnos en dicotomías espirituales crueles e innecesarias. Por más, toca aquí estar siempre preparados a devolverle a Dios sus regalos con la misma alegría con que los supimos disfrutar mientras fueron temporalmente nuestros. Sabemos bien que los tenemos de prestado, y por ello mismo es imposible atarnos a ellos en demasía.

El mismísimo san Juan, tan cauteloso con los apegos a lo creado, matizó sus enseñanzas en torno a la renuncia en la *Subida del Monte Carmelo* (I, 11,2). Dice allí que estos apetitos «bien los puede tener el natural, y estar el alma, según el espíritu racional, muy libre de ellos [...] y estos no impiden de manera que no se pueda llegar a la divina unión». Mortificar del todo los apetitos «en esta vida es imposible», admite el santo.

Hay aún más cambios en estos estadios espirituales reflexivos que siguen a la experiencia mística unitiva. También el alma altera, por necesidad, su manera de orar. Es parte de su nueva visión conciliada de veras con el Amor. Lo advierten los grandes maestros espirituales, y en mi propio caso también me fue dado registrar estos síntomas propios que suceden a la vivencia iluminativa, como sentir desgano por la plegaria ritual o vocal e incluso por la meditación. Ahora solo queda incólume una sencillísima oración, que acaso sea la más alta de todas: «Hágase Tu Voluntad». La oración tradicional va pues cediendo paso a un continuo y sereno abrirse de la conciencia a la presencia de Dios. Presa de la inquietud, pregunté a Ernesto Cardenal qué tipo de oración debería llevar en esta etapa espiritual, y me contestó sin titubeos: «ora como te sea más sabroso». Creo que a todos nos aplica esa lección tan sensata y consoladora.

Con todo, me sentí culpable de esta inesperada tibieza que sentía al orar ritualmente, hasta que el padre Eulogio Pacho me indicó que releyera a san Juan de la Cruz, que explica a fondo estos fenómenos porque sabe bien que son usuales en esta particular etapa del camino místico. Por cierto que el poeta de Fontiveros reprende duramente a los confesores que por desconocimiento fuerzan a un alma a quedarse estancada en una etapa espiritual de oración que ya deberían haber superado. Es de provecho escuchar directamente a san Juan discurrir este punto, pues lo hace como el experimentado maestro de almas que fue:

> No entendiendo, pues, estos maestros espirituales las almas que van en esta contemplación quieta y solitaria, por no haber ellos llegado a ella, ni sabido qué cosa es salir de discursos de meditaciones, como he dicho, piensan que están ociosas, y les estorban e impiden la paz de la contemplación sosegada y quieta, que de suyo les estaba Dios dando, haciéndoles ir por el camino de meditación y discurso imaginario y que hagan actos interiores; en lo cual hallan las dichas almas gran repugnancia, sequedad y distracción, porque se querrían ellas estar en su propio sancto y recogimiento quieto y pacífico.
>
> En el cual, como el sentido no halla en qué asir, ni de qué gustar ni qué hacer, persuádenlas estos también a que procuren jugos y fervores, como quiera que les habrían de aconsejar lo contrario. Lo cual no pudiendo ellas hacer ni entrar en ella como

> antes (porque ya pasó ese tiempo, y no es su camino), desasosiéganse doblado pensando que van perdidas, y aun ellos se lo ayudan a creer, y sécanlas el espíritu y quítanlas las unciones preciosas que en la soledad y tranquilidad Dios las ponía.
>
> [...] no saben estos [confesores] qué cosa es espíritu. Hacen a Dios gran injuria y desacato metiendo su tosca mano donde Dios obra. Porque le ha costado mucho a Dios llegar a estas almas hasta aquí, [...] para poderles hablar al corazón, que es lo que él siempre desea (*Llama* 3, 53-54).

San Juan insiste, con un sentido de libertad propio de nuestro siglo XXI, que cada alma es pues única y requiere un consejo y una guía espiritual cortada a su medida: Dios «lleva al alma por diferentes caminos, que apenas se hallará un espíritu que en la mitad del modo que lleva convenga con el modo del otro» (*Llama* 3, 59). Su hija espiritual, santa Teresa, tercia la misma idea: «El Señor, como conoce a todos para lo que son, da a cada uno su oficio, el que más conviene a su alma y al mismo Señor y al bien de los prójimos» (*Camino* XVIII, 3). Cuánta razón llevan los reformadores del Carmelo en su enorme apertura espiritual, que tan moderna suena. San Juan se indigna de tal manera con los directores espirituales que desatienden la destreza y obligada flexibilidad con la que es preciso dirigir un alma, que de súbito los tutea para reprenderlos mejor, como si los tuviera delante. Considera que su magisterio está regido por una «pestífera manera» y les echa en cara duramente sus errores (*Llama* 3, 62). Pocas veces el santo se ha mostrado tan severo: es obvio que conocía de cerca de los errores que, por ignorancia o por conveniencia egoísta, cometían sus compañeros directores de almas. Santa Teresa lamenta a su vez el haber sido dirigida erróneamente por confesores inexpertos, y advierte «la gran necesidad de maestro y trato con personas espirituales» (*Vida* XX, 17) que tienen las personas iniciadas.

Mucho me temo que en el mundo cristiano moderno hemos perdido lo fundamental de la cultura religiosa en torno a la dirección espiritual: lo he vislumbrado cuando enseño sobre el fenómeno místico en instituciones y universidades religiosas. Más de una vez sacerdotes y pastores se han mostrado ajenos a estos extremos que voy discutiendo aquí, y me confiesan que serían incapaces de dirigir un alma que hubiese experimentado la unión mística.

En su momento, exploré con la doctora Ana María Rizzuto los cambios que se van operando en la oración según el alma cambia de morada espiritual. Se le ocurrió una curiosa metáfora ilustrativa para explicar desde el punto de vista psicoanalítico el desapego de la oración ritual propio de este momento del itinerario místico. Como me parece que viene aquí muy al caso la comparto con el lector. Cuando la persona ora vocalmente suele pedir a Dios bendiciones o favores, dándole noticia de sus necesidades y de su presente estado espiritual. Es usual también que interceda por los demás y pida ayuda para ellos. Uno se «presenta», pues, por así decirlo, a Dios, y le «explica» su situación particular y todo el complejo cúmulo de las necesidades propias y ajenas que desea ver remediadas. Pero el místico ya sabe, y de primerísima mano, que se encuentra siempre en presencia de Dios, y que no Le tiene que explicar nada, ni mucho menos necesita «presentarse» ni dar cuenta de sus reclamos ante Él. En Su sapiencia infinita Dios ya sabe todo lo que somos y necesitamos aun antes que se lo pidamos. Todo tiene en Él un sentido y un orden absolutos. Esta nueva situación de diálogo con Dios es semejante, postulaba la doctora Rizzuto, al caso de dos esposos, que al levantarse por la mañana no se les ocurriría nunca «introducirse» el uno al otro, ni mucho menos explicarse mutuamente sus necesidades, pues ambos las conocen ya de sobra. Ya no hay que venderle al otro la idea de uno mismo. Otro tanto sucede aquí: ya pasó la etapa en la que el alma daba cuenta de sus necesidades ante Dios. Tan solo basta con sentirse ante Su presencia, que es el fundamento de la contemplación. La confianza en la armonía última de la Divinidad que ha surgido ahora es inamovible y supera cualquier crisis, por dolorosa que sea. Lo más natural es entonces no suplicar nada, pues Dios sabe mejor lo que nos conviene en cada momento. Este plegarse a la sabiduría divina en todos nuestros actos me recuerda un dicho sufí del que Marta (Mardía) Herrero se también hace eco: «si quieres hacer reír a Dios, cuéntale tus planes».

Me pareció particularmente atinado el análisis psicoanalítico de la doctora Rizzuto en torno a esta modalidad de plegaria: es que la oración de unión que sucede al éxtasis transformante constituye de por sí una conversación entre esposos. Nada más conciliatorio que el estado conyugal. Por eso el alma sabe, ahora por experiencia directa, que Dios conoce todas nuestras circunstancias aun antes de que se las expresemos. Es un alivio inmenso saber que el universo no es caótico ni desordenado, pese a su apariencia tan a menudo turbulenta y cruel. Descansa en las mejores manos: la del Amor incondicional. No importa que no entendamos por qué ocurren ciertas cosas, nos consta que en Dios todo tiene plena razón de ser. En otro plano de conciencia conoceremos al fin lo que muestra el otro lado del tapiz que ahora vemos al revés. Lo que nos pudiera parecer catastrófico no son sino oportunidades de aprendizaje espiritual y emocional. Es pues esperable que en esta etapa la plegaria se abrevie y se ajuste a la aceptación profunda y feliz de la voluntad divina. Incluso resulta perfectamente instintivo y natural orar de este modo.

Aunque me he estado refiriendo aquí a una de las consecuencias de la oración que suele acontecer después del éxtasis místico, sé bien que muchas almas llegan a este mismo estado de oración confiada en Dios incluso sin haber experimentado la unión transformante. Pero no debemos olvidar que cada alma ajusta su manera de orar a sus necesidades cambiantes. Todas son legítimas, y suelen evolucionar, como todo en la vida.

De lo que sí puedo dar fe es que el alma deviene capaz ahora de transformar la percepción cotidiana de lo sensible en ejercicio de contemplación; la experiencia diaria en teofanía; los movimientos propios de la oración ritual en plegaria incesante. La persona termina, por así decirlo, haciendo una plegaria continua, no empece no mueva sus labios en rezos rituales. Su vida entera ya es plegaria.

Esto me recuerda un dato curioso: Thomas Merton se llegó a quejar de la manera de oración que llevaban en la Trapa de Gethsemany en Kentucky, pues aun a pesar de sentirse sumidos en plegaria continua, los monjes separaban un tiempo específico para meditar. El maestro de novicios advirtió a su dirigido espiritual de entonces, Ernesto Cardenal, que la media hora que tenían de meditación en la madrugada, seguida por el cuarto de hora en la tarde, era una innovación jesuítica introducida en el siglo XIX. Nunca, aseguraba Merton, se les había ocurrido a los Padres del Desierto ni era tampoco práctica benedictina: ambas tradiciones promovían un estado de oración natural, que debía durar todo el día y que era tan espontáneo como el respirar. No era pues necesario tener un tiempo al día artificialmente dedicado a la meditación. Insisto con Cardenal en que todo puede constituir oración, desde pasear bajo los árboles hasta tomar un vaso de agua fría. Una amiga que quiero mucho y muy avanzada en el camino de la vida del alma me dice que considera que ha llegado una etapa de su vida en la que está rezando día y noche. Entiendo a lo que se refiere. Y ya no hay esfuerzo ninguno en ello; antes, lo difícil sería recaer únicamente en la obligación del rezo ritual.

Esta alta oración contemplativa es pues sencillísima y espontánea: se trata de un estado de gran receptividad en el que la persona se goza en su propio estado pasivo frente a Dios sin tener que hacer más nada. Tal es el grado de entrega espiritual al Ser Supremo que «se tiene la sensación de que ya se acabó toda oración», como apunta Ernesto Cardenal. Aquí ya no es necesario suprimir las distracciones, pues nada interrumpe ya esta «sensación sabrosa muy sutil». Merton le dio a su antiguo novicio, sin embargo, una advertencia: si se encontrara leyendo o llevando a cabo alguna otra tarea y sintiera de pronto algún llamado interior para concentrarse en Dios, tenía que hacerlo inmediatamente, para no perder la oportunidad que, una vez pasaba, no volvía. Es una lección que luego Cardenal me legó también a mí y que nunca he olvidado.

Todo lo que voy diciendo implica que al alma le acontece la capacidad de convertir su experiencia cotidiana en teofanía actualizada. Aclaro enseguida que ello no implica que a veces surja el deseo de meditar, pues es una manera particularmente provechosa, sobre todo, para entendernos a nosotros mismos, y para orar hondamente por los demás. También hay que decir que surgen momentos en los que se nos vuelve a imponer delicadamente la oración ritual, que tan consoladora y pacificante suele ser. De otra parte, algunos teóricos del fenómeno místico piensan que esta nueva modalidad de oración constante es propia de la «vía purgativa», aunque pienso que no se trata ya de una búsqueda concentrada y ansiosa de la presencia de Dios, sino de un continuo recordar —*dhikr* lo llaman los musulmanes— pues esta Presencia ya ha sido encontrada. Santa Teresa coloca este estado de concentración, con sus anhelos de soledad y de «quitar todo lo que puede» de distracciones justo al principio de las sextas moradas. Sea como fuere, el alma aquí sigue en continuo estado de atención ante la presencia divina, que se le ha vuelto constante. Es un estado propio de quien siente que la duda ya dejó de asaltarlo para siempre.

Estas misteriosas transformaciones espirituales, cualquiera que sea la manera en la que se manifiesten, constituyen siempre una misteriosa apertura (*fath*) constante a Dios. Ya antes sugerí que a esto precisamente es que Ibn 'Arabi se refiere en sus *Aperturas de la Meca* o *Al-Futuhat al-Makkiya*. Cada místico, como es de esperar, lo explica a su modo, pero en el fondo todos parecen coincidir en la tesitura particular que tiene esta etapa de oración perpetua. Podemos entonces considerar que la experiencia revelatoria recibida en éxtasis se sigue desplegando a lo largo de la vida, y que el alma ya no puede sustraerse a esta presencia inmediata de Dios, viva y palpitante en todos los seres y todas las cosas. Tan solo asumir esta consoladora verdad constituye ya un alto grado de oración, que se puede entonces expresar con una sonrisa, con una caminata, con un abrazo. Son «salmos en otra lengua», como diría Ernesto Cardenal.

Esta noción de «apertura» constante ante la Realidad divina, que sume al contemplativo en serena oración perpetua, me lleva a considerar la apertura que también suele acontecerle en relación a las distintas revelaciones religiosas. En su fuero interior las ha reconciliado todas. Aunque siga fiel a su propia fe, el místico que llega a esta morada comprende que cada creencia accede a una de las formas particulares en que se manifiesta lo Real y que las religiones no agotan la plenitud del Misterio. Puedo decir al menos que a mí me ha acontecido así. Aunque cada cual, insisto, practique su propia fe, está abierto ahora a entender que Dios trasciende todas las revelaciones. Y que, a la vez, que las subyace todas.

En estos momentos históricos donde la tentación del fundamentalismo religioso golpea nuestras puertas con fuerza no es mala idea recordar las palabras de los Reformadores carmelitas que ya he citado: Dios lleva a cada alma por el camino que le resulta más adecuado. Sin un espíritu de diálogo fraterno no se puede establecer el diálogo interreligioso, ni siquiera una convivencia mínimamente sana y ya ajena a actitudes de superioridad espiritual o cultural. Lo supo bien Ibn 'Arabi allá por el siglo trece, cuando entona su cántico de apertura a todas las revelaciones religiosas en su *Intérprete de los deseos*. Repito los versos, que ya sabe el lector amo tanto:

Mi corazón es capaz de asumir cualquier forma:
es un pasto para gacelas y un convento de monjes cristianos.
Y un templo para ídolos y la Kaba del peregrino
y las Tablas de la Tora y el libro del Corán.
Yo sigo la religión del amor: dondequiera que vayan
los camellos del Amor, ahí están mi religión y mi fe.

Ya advertí antes que el poeta de Murcia incluye en su «apertura» mística también a las «gacelas», con las que alude, uniéndose a la antigua imaginería semítica, a las jóvenes hermosas. El poeta incluye pues la vida corpórea en su gozosa aceptación vital, y ya sabemos que un alma en estos estados espirituales es capaz trascender el cuerpo, pero sin negarlo. Todos los registros del Amor, ya se sabe, quedan vibrando al unísono.

No piense el lector que estas vivencias espirituales que, según santa Teresa, corresponderían a quien ya abrazado de lleno el *Matrimonio espiritual*, implican que el alma deje de seguir transitando un camino henchido de peligros. Todo espiritual, no importa su fe revelada, sabe bien que a estas y otras iluminaciones las pueden acompañar tormentas devastadoras y *noches oscuras* penosísimas. Pero ya santa Teresa nos aleccionó en torno a la posibilidad de la coexistencia de estas amenazas del mundo fenoménico con la paz abismal e inconmovible que experimenta quien ha encontrado a Dios de veras. Recordemos el símil de la Reformadora, que nos hablaba del simbólico Rey que permanecía seguro en lo interior de su castillo, no empece hubiera guerras constantes en su Reino. El alma realmente se siente ya a salvo del triste devenir del *samsara*, aunque pueda sufrir sus aguijones en carne propia. Pero está anclada firmemente en la Roca de su Hacedor, y ya nada la puede apartar del consuelo de esta certeza.

Ello me lleva a insistir una vez más en esta consoladora certidumbre que al místico ya no le es dado abandonar nunca, porque es otro de los saldos principales de una experiencia extática auténtica. Ya me he referido a este hito de la senda nupcial, que me hace evocar el hermoso tratado que un sufí anónimo tituló *El libro de la Certeza*. Considero que este convencimiento espiritual también es propio de la morada de la reconciliación: nos hemos conciliado con el misterio del universo y con el enigma de Su Hacedor. Cedo la palabra a santa Teresa, que tiene muy bien sabido este extremo de absoluta certeza espiritual: «¿Cómo lo que no vimos nos queda con esta certidumbre? Eso no lo sé yo, son obras suyas; mas sé que digo verdad, y quien no quedare con esta certidumbre, no diría yo que es unión de toda el alma con Dios» (*Moradas* V, 1). Lord Tennyson secunda las palabras de la santa en sus *Memorias*: «By God almighty»! There is no delusion in the matter! It is no nebulous ecstasy, but a state of trascendent wonder, associated with absolute clearness of mind!» [«Por Dios todopoderoso que no hay engaño en el asunto: no es un éxtasis nebuloso, sino un estado de prodigio trascendente asociado a una absoluta claridad mental»]. Y añade: «this is no confused state but the clearest, the surest of the surest, utterly beyond words» [«este no es un estado de confusión, sino el más claro; el más seguro entre los seguros, totalmente más allá de las palabras»]. Con esa sensación de certeza queda, en efecto, el alma que ha asumido su propia experiencia trascendida de unión con Dios. La lección vivida en la cima del éxtasis —estamos unidos para siempre y desde siempre al Todo— nos acompaña ahora, también para siempre, en este plano corpóreo en el que transcurre nuestra vida mortal.

Importa que oigamos el testimonio elocuente de Richard Maurice Bucke, que ya he tenido ocasión de citar, pero aquí lo que nos interesa es la certidumbre absoluta que le merece la experiencia extática que ha vivido:

> *The vision lasted a few seconds and was gone; but the memory of it and the sense of reality of what it taught has remained during a quarter of a century which has since elapsed. I know that what the vision showed was true. [...] That view, that conviction, I may say consciousness, has never, even during periods of the deepest depression, been lost.*
>
> [La visión duró unos pocos segundos y acabó; pero su recuerdo y la sensación de realidad de lo que me enseñó se han mantenido durante el cuarto de siglo que desde entonces ha pasado. Sé que lo que la visión mostró era verdad. [...] Aquel punto de vista, aquella convicción, que incluso puedo llamar conciencia, no ha desaparecido ni siquiera en las épocas de más profunda depresión].

Salta a la vista la absoluta veracidad que Bucke le atribuye a su éxtasis. Al hacerlo, el psiquiatra canadiense corrobora en su encendido testimonio la lección de santa Teresa en torno a la seguridad que, incluso en medio del dolor o la tristeza, tiene el místico de la vivencia que le ha acontecido. Todo místico es capaz de poner su mano en el fuego de que lo que le ha acontecido es verdadero. «Dreams do not stand this test» [Los sueños no superan este examen], afirma J. Trevor en su *Autobiografía* con sobrada razón. No hay sueño que cambie la vida de un ser humano, por vívido y significativo que pudiera haber sido.

Una vez, antes de haber experimentado yo misma el éxtasis, pregunté a Ernesto Cardenal si lo que le aconteció había sido «a manera de una intuición». Me dijo sin titubear: «Es todo lo contrario a una intuición. Se trata de una experiencia de certeza absoluta». Más tarde el poeta nicaragüense lo glosaría en verso de manera dramática: «Yo tuve una cosa con Él y no es un concepto». Ni intuido ni mucho menos argumentado: se trata del Dios *experimentado*. Saboreado, por decirlo con más alegría. Tras este trance sobrehumano, la creencia, por necesidad, cede paso a la certeza.

Ya el *Logos* ha quedado atrás y no existen ni la duda ni el titubeo hijos de la razón especulativa. Es que el *logos* se ha disuelto en experiencia. En experiencia abisal. Por lo que es lícito atreverse a decir que la persona queda, como decía Alfred Lord Tennyson, *beyond instruction in «spiritual things»* [«más allá de ser instruida en 'cosas espirituales'»]. Más aún: puedo asegurar que no es posible abrazar este conocimiento unificante sin ser consumido por él. No es que conozcamos, es que nos consume el conocimiento. Devenimos conocimiento y certeza absoluta. Esta vivencia fruitiva, que se degusta sin intermediarios, es justamente la que san Juan llamaba «ciencia sabrosa» —es decir, ciencia que se paladea gustosamente— y los sufíes *dhawq* o «conocimiento saboreado» (*hikmah al-dhawqiyyah*). Hago escuela con sus altas lecciones, porque este conocimiento —*all consuming knowledge* [conocimiento que todo lo consume], como lo llama a su vez S. H. Nasr en *Knowledge of the Sacred* [*Conocimiento de lo sagrado*]—, constituye, en efecto, una sabiduría cognoscitiva que pertenece a un orden radicalmente distinto al empírico o racional, porque se percibe con todo el ser y nos precipita a una visión totalizadora y unitaria del cosmos. La razón se nos antoja desvalida ante este nuevo orden de conocimiento.

Las nuevas percepciones de esta morada, hijas del éxtasis místico asumido de manera madura, también llevan a la persona al discernimiento. Poco a poco nace la posibilidad de calibrar lo que viene de Dios de lo que viene del propio ser egoísta —lo que san Juan llama el «alma sensitiva» o «concupiscente» y los sufíes denominan como el *nafs*—. Esta concientización se refina cada vez más según se sigue avanzando a lo largo del camino del alma. Santa Teresa aconseja velar cuidadosamente a fin de que podamos calibrar el fruto real de estas vivencias místicas, entre las que incluye las *visiones imaginarias*, a las que ya me he referido antes. El alma debe «poco a poco ir mirando la humildad con que dejan al alma, y la fortaleza en la virtud» (*Moradas* VI, 10). Si el confesor tiene experiencia, continúa la santa, habrá de distinguir en poco tiempo si se trata de una experiencia real y ayudará al alma a sacarle provecho.

Pero hoy día no todos tienen este «confesor» o maestro espiritual idóneo como interlocutor. Para ellos Ibn ʻArabi tiene un consejo práctico, basado en un *hadiz* atribuido al Profeta, muy avalado por cierto por los sufíes: «Busca la guía (*istafti*: es decir, 'pregunta por la *fatwa*') de tu corazón, no importa la opinión que puedan darte los demás». En el fondo, la responsabilidad última de la vida espiritual recae en nosotros mismos, y es intransferible, porque Dios nos lleva a cada uno por caminos distintos. Los caminos que mejor —y con más alegría— podemos caminar. Aquí vienen a cuento las altísimas lecciones de san Agustín: «ama y haz lo que quieras»; o bien las misteriosas, libérrimas advertencias que coloca san Juan de la Cruz en su dibujo de la cima del Monte Carmelo, que esboza artesanalmente para su «hija Madalena»: «ya por aquí no hay camino / porque para el justo no hay ley / él para sí se es ley».

La experiencia del éxtasis, por más seguridad que tengamos en haberla vivido, es de suyo intransferible e imposible de demostrar empíricamente. Lo que importa es que intentemos honrarla con nuestros actos, ya que no podemos convencer a nadie que la hemos experimentado. «I perceived [...] in a way never to be forgotten, the excess of what we see over what we can demonstrate» [«Percibí (...) de una manera imposible de olvidar, cuán por encima está lo que vemos de lo que podemos demostrar»], afirmaba elocuentemente John A. Symonds. Otro tanto santa Teresa, que también se sabía incapaz de «demostrar» a sus monjas sus propias vivencias sobrenaturales, no empece la certeza total que tenía en ellas. Lo único que clamaba era por «obras, obras».

Su clamor no era otra cosa que un ruego por la geminación armoniosa de Marta y María.

VI

«VOS SOS UNA MÍSTICA DEL JÚBILO»

(Ernesto Cardenal, San Juan de Puerto Rico, 25 de noviembre de 1986)

El lector habrá advertido la nota predominante de alegría que permean estas páginas confesionales, y podrá echar de menos en mi recuento alguna mención de la «vía purgativa», tradicionalmente la primera del camino espiritual, o bien de la célebre etapa de la *noche oscura*, que algunos gnósticos experimentan en algún punto del *itinerarium animae*. También brillan aquí por su ausencia los agudos dolores del cuerpo que describe santa Teresa con pormenor, incluido su «descoyuntamiento de huesos» y sus desfallecimientos físicos. He estado libre tanto de las *noches oscuras* psíquicas como de las patologías físicas que algunas veces se han asociado con el fenómeno místico. Esto no quiere decir que no haya tenido, como todo mortal, mi cuota generosa de sufrimiento y de pérdidas en otros renglones de mi vida, pero nunca asociadas con el don del éxtasis.

Debo comenzar por decir que la larga etapa de reflexión que sigue a una experiencia mística nos suele llevar a revisar con una flexibilidad necesariamente generosa la teoría tradicional del camino del alma que se rige por etapas específicas. Al menos así me sucedió a mí. Todos recordaremos el famoso mapa sinóptico de las «vías místicas» del camino espiritual, que antiguamente nos enseñaban que debíamos recorrer por hitos sucesivos hasta alcanzar el éxtasis y la unión reconciliatoria propia del matrimonio místico. La «vía purgativa» era la primera etapa, y solía estar asociada a la purificación ascética de los apetitos del alma; la «vía iluminativa» correspondía a la experiencia fruitiva del éxtasis —es la etapa que cantan los poetas y los artistas—; la «noche oscura del alma», por su parte, le acontecía a continuación a algunos espirituales —aunque no a todos—, y era semejante a una «depresión», solo que de gran fecundidad para el crecimiento espiritual; y por último, venía la «vía unitiva», o «matrimonio espiritual», como la llamó santa Teresa, y que yo considero a mi vez como la «morada de la reconciliación». En este último paso del camino se asumen las experiencias místicas de manera que puedan fructificar plenamente en el alma. Evelyn Underhill, haciéndose eco de lo que los mismísimos contemplativos han dejado dicho sobre el asunto, advierte que esta división por etapas constituye un simple esquema utilitario del que los místicos se sirven para dar una idea aproximada de lo que podría ocurrir en el proceso del desarrollo espiritual, que es sumamente complejo y que varía, ya lo sabemos, de persona a persona. Los espirituales enterados no pretenden que las etapas se cumplan en orden sucesivo, ni siquiera que se cumplan del todo. Cardenal, con su humor característico, me confesó que él nunca ha entendido bien el «vademécum» esquemático de santa Teresa, por lo que pidió a Dios directamente: «rompé conmigo tus esquemas». Y es que, a decir verdad, Dios los suele romper. Así lo hizo conmigo. Nunca tuve una vida espiritual regida por lineamientos estructurados, y sospecho que muy pocos la habrán tenido así. Se trata de paradigmas o mapas teóricos útiles para ayudar a entender los posibles caminos del alma, y de nada más.

Debo insistir en que hoy vamos revisando —mejor, actualizando— incluso las verdaderas implicaciones de cada etapa del camino hacia Dios. Personalmente no me gusta la nomenclatura tan punitiva de «vía purgativa»: el ascetismo con el que se suele asociar esta fase de la aniquilación del ego ya no se interpreta como una etapa de necesariamente «angustiosa» por su rigor ascético sufriente, sino como un momento de máxima concentración en Dios. Por cierto que la experiencia mística ha sido considerada precisamente como el estado de concentración y de armonización interior máximos al que puede llegar un ser humano. Henri Bergson llegó al extremo de pensar que esta experiencia reconciliadora implicaba un salto evolutivo para la humanidad, por constituir la culminación última de nuestro ser. El psiquiatra canadiense R. M. Bucke afirmó, por su parte, que la naturaleza extrema de este «intellectual enlightment [would] alone make [the mystic] a member of a new species» [«(esta) iluminación intelectual convertiría (al místico), por sí sola, en miembro de una nueva especie»]. Yo en cambio creo que es un evento muy natural, propio en principio de todos los seres humanos. Lo que sí no podemos perder de vista, sin embargo, es que el éxtasis transformante implica un estado alterado de conciencia radical en el que pasamos a percibir la Realidad de una manera abismalmente distinta a como la percibimos en nuestro estado de «vigilia» usual.

Pero volvamos al *aggiornamento* de las «vías místicas» tradicionales. He aprendido con los años que las renuncias de la tradición cristiana —la reclusión monacal o el celibato— no se deben interpretar como «castigo», sino como métodos que facilitan, en principio, el proceso de concentración. (Esto no es óbice para que muchos contemplativos laicos descubran que concentran mejor fuera del monasterio). El que no está preparado para ciertas renuncias pierde demasiadas energías psíquicas y espirituales luchando inútilmente contra sí mismo. El místico, es importante recordarlo, renuncia a las cosas creadas no porque sean malas, sino porque, en principio, lo podrían distraer. A menudo vive entre ellas habiéndolas ya renunciado interiormente, sin fanfarria exterior que dé fe pública de ello, como dijimos de san Bernardo cuando iba a lomo de una mula lujosamente enjaezada. Por cierto que cada cultura religiosa interpreta esta «distracción» a su manera: si bien el cristianismo tradicional entiende que la castidad aleja al contemplativo de las distracciones de la carne, el sufí hace el amor con su esposa justamente para quedar libre de la pulsión erótica porque siente que así puede acceder con más concentración a la plegaria contemplativa. Cada uno de nosotros descubre su propio camino en este sentido. Santa Teresa confesaba, por ejemplo, que lo que más atentaba contra su concentración era charlar con las personas que acudían a visitarla al locutorio del convento. (Cuánto anhelaría su alma efervescente y gregaria estas conversaciones...).

En mi propio caso puedo decir que desde la infancia he experimentado, por una inclinación instintiva que no implica mérito alguno, un estado fundamental de concentración en Dios. Esta entrega instintiva a la vida del alma, que subyace todos mis actos cotidianos, ha sabido superar las crisis religiosas (los *growing pains* de la adolescencia), con sus dudas y sus cuestionamientos, tan esperables. Dicho estado también convive armónicamente con mi estado matrimonial, intensamente feliz. Confieso que nunca tuve vocación religiosa conventual: jamás consideré profesar como monja, ni antes ni después de la vivencia mística. Si alguna vez llegué a tener alguna experiencia en cierto modo comparable con una tradicional «reclusión monacal», si bien temporera, podría decir que fue cuando vivía en mi piso de estudiante en Beirut. Pese a la generosidad de mis amigos, hospitalarios como buenos hijos de su tierra, vivía sola y, para colmo de aislamiento, sin acceso alguno a mi idioma español, en una época donde no existía el internet y donde las llamadas telefónicas de larga distancia eran inauditas. Allí, a pesar de tener la vida normal de una joven estudiante inmersa en una sociedad vibrante y abierta, vivía sola en mi espacio recogido —el célebre *room of my own* [mi cuarto propio] que diría Virginia Wolf— como en un silencioso y acogedor reducto monacal. Aunque reconocía que se trataba de una temporada transitoria en mi vida, el grado de introspección que permite la soledad me resultó muy fecundo, máxime por la coyuntura adicional de que en aquel momento estudiaba cursos de cultura y espiritualidad en la Universidad. Aunque desconfío de los esquemas rígidos, sí puedo decir que en ese espacio se ahondó mi concentración en la vida espiritual, pues no deja de ser curioso que pidiera muchas veces a Dios, literalmente de rodillas, que me otorgara algún día la gracia mística. Tardaría aún cinco años en llegar. Pero mi alma sabía que la necesitaba, y que, de algún modo inescrutable, experimentarla sería mi destino.

Como ya le consta al lector, me aconteció el regalo impagable del éxtasis justamente mientras ejercía mi vocación más feliz y más honda: dando clases de literatura. Por más, de literatura mística. Acaso esa haya sido mi mejor manera de orar, y acaso también de ahí la concentración agudísima que experimenté en lo relativo a la materia espiritual, tan rarificada, que explicaba a los alumnos de mi seminario y que me catapultó, súbitamente y sin aviso alguno, a la eternidad. Debo añadir que si bien me tomó décadas asumir lo sucedido —la gracia concedida «me quedaba grande»—, no identifico este largo período de exploración reflexiva con el estado de la *noche oscura*, que en cierto sentido se asocia con una modalidad depresiva. Mucho menos experimenté dolores físicos ni enfermedades psicosomáticas relacionadas al evento sin par. Si soy sincera, la larga etapa de hacer mía la experiencia siempre estuvo ajena del todo a los sufrimientos y dudas tenebrosas que describen algunos místicos, tanto cristianos como orientales. Acaso mi único momento de «tribulación» ocurrió en el momento en el que, en el contexto de mi terapia psicológica, me fue obligado asumir mi condición de mística. Aún me asombra dicha condición, que excede del todo a mis humilladas características personales. Era demasiado desproporcionado el regalo que Dios me hacía. Pero, eso sí: puedo asegurar que asumir la vivencia mística implica un largo camino que culmina en una morada espiritual que realmente es, como propone santa Teresa, a manera de «matrimonio espiritual» con la Divinidad. Las almas llegan a esta etapa por diferentes caminos, y, como adelanté, aún muchos que no han tenido la experiencia llegan a ella. He podido conocer a algunos que así les ha acontecido, y me consta que han alcanzado una etapa de paz abismal que ya nada puede quebrar.

A partir de la experiencia mística, como sabe el lector, toqué insistentemente muchas puertas intentando obtener ayuda para entender lo que me había sucedido en aquel seminario universitario. Fuera del claustro estas búsquedas *causa sophiae* son más arduas, pero también debo decir que se pueden llevar a cabo con más libertad religiosa, circunstancia que se avenía muy bien a mi temperamento abierto, a mi curiosidad insaciable y a mi espíritu gozoso. De ahí que no desperdicié oportunidad de entablar diálogo anhelante con varios maestros de la vida del alma, desde aquellos que fueron centrales en mi vida y que han permanecido a mi lado durante décadas —ya me he referido a ellos— hasta filósofos, teólogos, rimpochés tibetanos, sacerdotes de distintas órdenes religiosas, colegas protestantes, sufíes (tanto musulmanes como cristianos), maestros en el campo del espiritismo científico, incluso laicos enterados que también habían tenido la vivencia mística o que eran proclives a entender a fondo los altos asuntos del alma. También admití mi deuda con la terapia psicoanalítica, instrumento *sine qua non* que nos ayuda a conocernos a nosotros mismos y que, por eso mismo, nos abre a la dirección espiritual. Hay que decir, de otra parte, que a veces la lección que necesitamos en cada momento del itinerario del alma la ofrece alguna persona inesperada que Dios pone en nuestro camino. Huelga confesar que devoré libros sobre el tema, desde los clásicos de mi propia fe cristiana hasta los de otras persuasiones religiosas. Advertí con gran consuelo que fundamentalmente venían a decir lo mismo, aunque también me fui enterando, con humildad, que las culturas orientales suelen manejar estos temas del alma con una soltura y conocimiento de causa que nosotros los cristianos modernos no siempre solemos poseer. Es que, en buena medida, hemos olvidado las lecciones de nuestros propios maestros, con los Reformadores del Carmelo a la cabeza. O hemos llenado de sospechas inútiles a maestros de la talla de Meister Eckhart y Miguel de Molinos.

Cuando se vive una experiencia espiritual de esta complejidad y relevancia es preciso entenderla, abrazarla y asumirla con responsabilidad. No querría que el lector pudiera pensar que se trató de una alucinación relacionada con alguna patología psíquica, ni muchos menos provocada por estupefacientes (que nunca he usado), porque sé bien que se trató de una vivencia auténtica. Nada ha sido más sano ni más saludable ni más fecundo en mi existencia. Ni más largamente explorado. La terapista a quien confié mis experiencias espirituales me dejó saber un día, no sin cierto humor, que la posibilidad de que «estuviera loca», es decir, que padeciera algún tipo de descompensación mental, se computaba en .0. Computó en «punto cero» porque no encontró patología psíquica en los testimonios espirituales que fui explorando con ella durante décadas. Aclaro con sinceridad al lector estos extremos tan íntimos para que tenga por seguro que me responsabilicé de vivir mi experiencia contemplativa dentro de las coordenadas más estrictas posibles de la salud mental, y me consta que muchos monasterios cuentan hoy con terapia psiquiátrica para sus monjes y frailes. Es saludable que así lo hagan, pues nuestros miedos, ignorancias, sombras y demás pequeñeces psicológicas impiden que podamos vivir una vida espiritual plena, saludable, y en desarrollo continuo, si es que hemos nacido inclinados a ella. Cuando limpié estas tranquillas emocionales de mi psique pude acceder a la inmensa alegría que implica la vivencia de la transformación en Dios de la manera más natural y soleada del mundo. Pero cada cual, ya he insistido muchas veces, tiene su propio camino.

Por todo lo que vengo diciendo, salta a la vista que me siento lejos de los extremos negativos y del sufrimiento que tantos espirituales de mi propia tradición cristiana asociaban como *sine qua non* de las moradas sucesivas de la vida del alma. Ya sabemos que santa Teresa, dado lo exacerbado de su humildad espiritual, se adjudicaba constantemente los duros adjetivos de «gusano podrido», «ruin» y «pobre miserable», entre otros semejantes. «El piélago de los males [...] soy yo» (*Vida* XVIII, 8), aseguraba a su lector, para que no la tuvieran en mucho pese a los sobretonos celestiales de su propia vida espiritual sobre los que escribía autobiográficamente. Tampoco nos extrañe hoy la misoginia de la santa, que se auto proclamaba «mujer y no buena, sino ruin» (*Vida* XVIII, 4), pues la «inferioridad femenina» era una noción aceptada en la época. Pero también era un arma retórica que le resultaba útil a la santa para sus enseñanzas de auto-negación extrema. Y ello, a pesar de que su director espiritual fray Pedro de Alcántara la consolaba asegurándole que las mujeres eran más proclives a las gracias místicas que los hombres: «Y hay muchas más que hombres a quien el Señor hace estas mercedes, y esto oí al santo fray Pedro de Alcántara», admite la Reformadora. Y aún se anima a darle la razón: «[...] y también lo he visto yo —que decía aprovechaban mucho más en este camino que hombres, y dava de ello excelentes razones que no hay para qué las decir aquí, todas en favor de las mujeres—» (*Vida* XL, 8).

Con todo, hay que aceptar que grandes dolores físicos y psíquicos, que hoy nos parecerían excesivos, acompañaron siempre el camino espiritual de la Reformadora. Nos previene, por ejemplo, que los dones de Dios que acaecen en las sextas moradas van aparejados de muchos trabajos en la tierra, y nos da cuenta cabal de las patologías que sufre según va cambiando de estadios espirituales. Considera que es el Señor quien nos da estas «enfermedades grandísimas», que en su caso fueron de tal talante que en los cuarenta años que tuvo la merced mística del Señor «no puedo decir con verdad que ha estado día sin tener dolores y otras maneras de padecer...» (*Moradas* VI, 7). Teresa explica que tanta desgracia se puede deber a que ha sido «muy ruin», aunque enseguida añade que a otras almas, ya se sabe, Dios «las llevará por otro camino» (*Moradas* VI, 7). La santa intuiría que no todos los místicos habrían de experimentar sus desoladoras enfermedades físicas, que en algunos casos pudieron haber tenido un origen psicosomático.

También santa Teresa cede a la tentación de asegurar que su sufrimiento mayor es haber estado en manos de malos confesores (habrá padecido mucho con ello, sin duda, pues ya sabemos cuánto fustigó san Juan a los directores de almas inexpertos). Teresa delata a aquellos confesores que la han hecho creer que sus males se deben a «demonio u melencolía» y al hecho que no fuera suficientemente perfecta: «que les parece han de ser ángeles a quien Dios hiciese estas mercedes, y es imposible mientras estuvieren en este cuerpo...» (*Moradas* VI, 8). El equilibrio psíquico fundamental de la Reformadora, tan henchido de gracia, siempre termina por decir presente. Añado aquí que, contrario a su experiencia, sí tuve la dicha de contar con confesores extraordinarios, que me han ido dirigiendo con una sabiduría sin par, no exenta, por cierto, de respeto a mi propia libertad psíquica y espiritual.

Hay que decir que la retórica que asigna un gran valor espiritual al sufrimiento extremo y que se hace eco de la minusvalía femenina fue común a toda la pléyade de visionarias que precedieron a santa Teresa en la Península y también las que fueron sus contemporáneas en los monasterios de los virreinatos de Indias. San Juan, por su parte, no hizo escuela con esta retórica negativa: con ser tan estricto en su condición de contemplativo, nunca se denigró espiritualmente a sí mismo con una dureza tan estridente. Tampoco recuerdo que lo hicieran otros maestros del alma como Juan de los Ángeles, Osuna, Laredo, o Miguel de Molinos. Todos eran varones y las cuestiones de género se medían de otro modo en aquella época. No deja de lastimarnos esta continua auto-flagelación verbal de la santa, porque hoy, como el lector sabe, hemos aprendido a valorar la estima propia; no solo la psicológica, sino también la espiritual.

Prefiero entender la auto-flagelación psíquica de la Madre Reformadora como un deíctico que podría apuntar al abismo que existe entre Dios y Su criatura aun en medio del éxtasis transformante. Eso es algo en lo que los místicos suelen estar de acuerdo. Solo que hoy no nos apostrofaríamos como «gusanos»: más bien como seres humanos que necesitamos ser recordados de nuestro alto destino espiritual, porque somos hijos del cielo.

Pero hay más que decir todavía sobre la auto-flagelación verbal teresiana. No es mucho sospechar que la inquieta monja itinerante, que tanta simpatía regocijada reboza en sus escritos, se rebajaba a sí misma ante sus padres confesores y ante los inquisidores que podrían leer sus textos porque su condición de mujer (para colmo, descendiente de conversos judíos) añadía sospecha a su obra, ya de por sí henchida de peligros por el espinoso tema místico que trataba. Me parece pues que hay algo y aún mucho de estricta retórica en los epítetos teresianos; pero ya sabemos, gracias a Josefina Ludmer, de las «tretas del débil» que las mujeres usaron para lograr la legitimación de sus escrituras, tan peligrosas entonces. Corrían otros tiempos. Y había que adaptarse a ellos para sobrevivir y para dar curso a la escritura testimonial en torno al tema místico, que era siempre motivo de cautela extrema. Tanto así que los *Conceptos del amor de Dios* teresianos y *Las propiedades del pájaro solitario* sanjuanístico no sobrevivieron a aquellos «tiempos recios», y tan solo unas pocas páginas salvadas de las llamas nos dan noticia de lo que pudieron haber sido estos tratados perdidos. Aludí a las llamas y me corrijo: no solo se trató del fuego: san Juan, entonces fray Juan de la Cruz, recurrió a comerse unos papeles incriminatorios que tenía en su casita de la Encarnación cuando los carmelitas calzados le pisaban los talones. ¿Qué tesoro escrito habremos perdido de ese modo tan desesperado?

Si bien la literatura mística ha sido vista con sospecha por todas las ortodoxias religiosas, hay que decir que la escritura contemplativa femenina ha encarado dificultades particularmente penosas, porque durante siglos las mujeres solían precisar de «autorización» masculina para poner la pluma en su mano. *Et pour cause*: el mundo antiguo, como hijo de las enseñanzas de Aristóteles, consideró que la mujer era un varón «disminuido» o «frustrado»; un «fallo esencial de la naturaleza» (*Libro de la generación de los animales*, II,3; IV,6). Las tres religiones monoteístas habrían de heredar las teorías aristotélicas, y por ello santo Tomás se refiere a la mujer como *mas occasionatus* en su *Tratado del matrimonio*. No sin melancolía le indico al lector asombrado que el término latino del Doctor Angélico, tan aristotélico, traduce por «varón o macho frustrado». De estas teorías surgen las antiguas conclusiones de la incapacidad ingénita de la mujer de acceder en igualdad al hombre a los valores del espíritu. No hay sino leer *La perfecta casada* de fray Luis de León para medir esta desdicha. Conocer la antigua tradición misógina nos permite, sin embargo, leer con camaradería compasiva y conocimiento de causa muchos textos místicos de plumas femeninas que se vieron coartadas en su libertad de expresión. Las mujeres, ya se sabe, debían callar en el templo. No es de extrañar pues que la osada Hildegarda de Bingen en más de una ocasión firmara con nombre de varón sus confesiones ultramundanas, a menudo tan arrebatadas. Otro caso elocuente es el de sor Juana Inés de la Cruz, que hubo de profesar votos para poder seguir inmersa en su vida de estudiosa. Finalmente tuvo que humillar su extraordinaria inteligencia a las autoridades eclesiásticas, pero no me detengo en los avatares de su conflicto porque la Séptima Musa fue un genio de la pluma, pero no una escritora mística.

Como se sabe, Teresa de Jesús se refugia una y otra vez en la «obediencia» que debía a sus confesores, que le ordenaban poner por escritos sus visiones y revelaciones divinas para provecho de sus monjas. Ya comenté que hoy miramos con cierta sospecha la estrategia literaria de la Reformadora: escribió a raudales porque sencillamente quería hacerlo. Mejor, necesitaba hacerlo: desbordada por su caudalosa vida interior, y por las exigencias de su propio don literario, Teresa escribió febrilmente, de día y de noche, en las ventas insalubres del camino y en los monasterios que iba reformando con voluntad férrea. Era —a todos nos consta— una escritora auténtica. Por cierto que su muletilla en torno a la obediencia que «forzó» su escritura le sirvió no solo de excusa para escribir, sino de escudo al momento de dirimir públicamente su vida espiritual y de negociar sus osados proyectos fundacionales mientras los Calzados y los Inquisidores acechaban sus pasos.

Ante estos ejemplos, no cabe, sin embargo, congratularnos ingenuamente de que la libertad alcanzada por nuestra «modernidad» nos haya puesto a salvo de estas cautelas escriturísticas femeninas, ya que escritoras de temas espirituales o filosóficos como María Zambrano, Edith Stein y Hannah Arendt nunca pudieron acceder a una cátedra universitaria en toda regla por su condición de mujer. Claro que, andando los años, vamos viendo excepciones a estas cortapisas tradicionales: pienso en la teóloga mística Dorothee Sölle o en la alta poeta metafísica Clara Janés, pero sus escrituras estrenan con júbilo una libertad que aún tiene el sabor de una victoria recién adquirida.

Confieso a mi lector que, sin embargo, más de una vez he envidiado el cauto subterfugio de santa Teresa, que, por su condición femenina, y a expensas de su magisterio teológico-místico, colocaba la responsabilidad última de sus escritos en autoridades ajenas. En mi propio caso, por mi condición de mujer (para colmo, laica), la decisión de compartir mi experiencia mística ha tenido como único árbitro a mi propia conciencia. A mi libertad, que por mucho tiempo me resultó atemorizante. Ya sabe el lector que asumir el derecho ominoso de hablar del éxtasis transformante en primera persona ha sido una de las tareas más difíciles de mi vida, y deseo hacerlo constar una vez más en estas páginas, que me ha tomado décadas poner por escrito. Todo ello, pese al apoyo impagable que, una vez más, admito he recibido de auténticos maestros espirituales versados en la materia. Todos han sido unánimes en respaldar el presente proyecto de escritura. Ya ve mi compasivo lector que, a tantos siglos de distancia, también yo me he sentido precisada de recibir el apoyo de maestros en teología mística y de sacerdotes versados en la materia al momento de emprender mi propio camino letrado. (En el fondo, todos anhelamos el inveterado *nihil obstat*). Pero asumo plenamente el riesgo de mi propia libertad: en todas las épocas y bajo cualquier circunstancia histórica, y tanto en el caso del varón como de la mujer, es el árbitro final de cada uno de nosotros.

Como parte de la intensa etapa de formación espiritual a la que me catapultó la experiencia del éxtasis, aprendí algo que me ayudó a asumirla con más naturalidad. La experiencia de unión con el Todo que celebro en estas páginas, como adelanté, no es un fenómeno circunscrito a los antiguos monasterios, ni a los sufíes medievales, ni tampoco es exclusivo del budismo Zen que tanto se suele tomar hoy como referencia sapiencial de los asuntos de la vida del espíritu. Se trata de una gracia arbitraria de Dios propia de todas las épocas y de todas las persuasiones religiosas (y aún de agnósticos al margen de la fe eclesial estructurada). Dios lo da a quien Él quiere por razones que algún día comprenderemos en otro plano superior de conciencia. Por su propia tesitura, la vivencia mística no depende del mérito espiritual de la persona, ni necesariamente lo refleja, aunque sí cabe decir que nos pone en camino y nos obliga a vivir ante la presencia divina el resto de nuestras vidas.

Ernesto Cardenal me ayudó a hacerme cargo de la experiencia del éxtasis hace muchos años, y me explicó, para consolar mi asombro y trocarlo en alegría y aceptación, que «las experiencias místicas las pueden tener aún los que no son santos. Son caprichos de Dios, y las da a quien quiere, no porque se merezcan. Hay quienes piensan que puede darlas a los más débiles para ayudarles, porque personas más fuertes no las necesitan» (carta desde Managua, 1984). Santa Teresa también admite que necesitó los consuelos trascendentes que tenía recibidos porque sentía que «no havía fuerzas en mi alma para salvarse, si Su Majestad con tantas mercedes no se las pusiera» (*Vida* XVIII, 5). Sabe bien que «siempre hay quiebras mientras vivamos en este cuerpo mortal» (*Moradas* VI, 4). No es extraño que se animara a afirmar que «nosotros no somos ángeles» (*Vida* XXII, 10). Con su saludable pragmatismo, la santa admite que el proyecto de nuestra absoluta santificación en este plano de existencia no es razonable: «Queremos hacer ángeles estando en la tierra» y «es desatino» (*Vida* XXII, 10).

Cardenal reiteraría en el *Telescopio en la noche oscura* la misma lección de humildad contemplativa que me había dado a título personal, cuando siente que Dios le susurra: «No te escogí porque fueras santo / o con madera de futuro santo / santos he tenido demasiados / te escogí para variar». Ningún místico piensa que es santo, antes, siempre se duele de sus limitaciones y de sus sombras, tan ajenas a la experiencia sin par que le fue otorgada. Imposible olvidar que, muy lejos de creerse santa, la Madre Fundadora cierra sus *Moradas* pidiendo las plegarias del lector —«no olvidéis en vuestras oraciones a esta pobre miserable» (*Moradas* VII, 19)—, porque sospechaba que aún penaría en el Purgatorio cuando su libro estuviera listo para darse a leer: «[...] os pido [...] luz para que [Dios] me perdone mis pecados y me saque de purgatorio, que allá estaré quizá, por la misericordia de Dios, cuando esto se os diere a leer» (*Moradas*, Epílogo).

Yo he precisado ayuda particularmente generosa por mi propio desvalimiento espiritual, propio de una mujer laica fuera de los claustros, cuyos méritos espirituales eran y son del todo inexistentes. Para más complicación, soy inmensamente feliz en mi condición de casada, dato que parecería colocarme al margen de las penitencias y cilicios y de las patologías físicas de los ascetas de antaño. Me animo a compartir una anécdota íntima: un día, Ernesto Cardenal, conociendo de cerca esta felicidad personal que siempre he simultaneado con una vida espiritual muy intensa, «diagnosticó» mi caso, aparentemente paradojal para la tradición cristiana al uso, con una conclusión rotunda: «lo que sucede es que vos sos una mística del júbilo».

Me parece prudente, de otra parte, que también contextualice mi propio caso como contemplativa dentro de unos parámetros particulares que a la mayoría de nosotros en Occidente nos podrían parecer foráneos, pero que son usuales en el sufismo. En el entorno cultural sufí es muy normal que una persona seglar esté insertada en el mundo pese a que concentre en la prioridad absoluta de la vida del alma. Sospecho que incluso en esto he gravitado misteriosamente hacia el sufismo, donde el maridaje entre una vida civil como persona laica y una vida espiritual muy intensa pero privada es cosa común. He llegado a conocer este fenómeno de primera mano en el Líbano, en Persia y aun en Cambridge, donde pude descubrir, no sin gran asombro por mi parte, que algunos de los estudiosos con quienes trabajaba, personas civiles inmersas en el mundo, eran simultáneamente sufíes devotos. Incluso, sufíes cristianos.

Mi caso quizá sea más extremo aún que el suyo: no solo no soy monja, pero ni siquiera soy practicante sufí, pese a mis afinidades con dicha cultura espiritual, sino simplemente una persona corriente sin ningún otro reclamo que no sea mi urgencia de compartir con los demás una vivencia sobrenatural que me dejó desbordada. Ya sabe el lector que mi escrito no aspira a ser ni teológico ni eclesial: es tan solo el relato de un proceso que cambió mi vida para siempre, pese a que no implicó alteraciones aparentes ni en mi profesión universitaria ni en mi condición de casada, ambas tan gozosas.

Sobre mi inveterada cercanía vital al sufismo ya he tenido mucho que decir porque, además de ser un posible modelo de una vida a la vez seglar y monacal, es sobre todo cónsono con la expresión simbólica que he elegido para expresar de alguna manera mi vividura extática: el resplandeciente recibidor andalusí del califa omeya. Salta a la vista que intenté evocar el éxtasis con una imagen inmensamente feliz por su radiante dinamismo multicolor. Y esa imagen mística afín al mundo musulmán me convino de manera especial a la hora de expresar la dicha renovada con la que Dios se me reveló en aquel instante bendito. (Como escribir es un proceso que obliga al autoconocimiento, al confesar que me ha sido útil la imaginería sufí para la expresión simbólica del éxtasis, caigo en la cuenta que he estado remedando inconscientemente a mis místicos de cabecera, los Reformadores del Carmelo, pues he dedicado toda mi vida de estudiosa, a la zaga de Miguel Asín Palacios, a explorar las profundas coincidencias (acaso, deudas) que ambos tienen contraídas con la imaginería mística sufí. No cabe duda que los siete castillos concéntricos, la noche oscura del alma, el pájaro solitario que no tiene determinado color, las esmeraldas del éxtasis, las azucenas del dejamiento y la extraña Filomena que no llora su nido desposeído sino que canta al júbilo de la unión mística fueron símiles de los que los *mystici maiores* de España se sirvieron para dar forma literaria a sus estados místicos, por mencionar tan solo unas pocas metáforas de raigambre islámica que hicieron suyas. (Acaso, eso sí, sin ser conscientes de su remoto origen oriental).

Sé bien que toda experiencia extática y aun su correspondiente expresión verbal resultan en el fondo intransferibles, por lo que algunos lectores se podrán reconocer en los destellos peculiares de algunos escritos místicos y otros no. Todo dependerá de su inclinación espiritual y estética, circunstancias que siempre tienen la última palabra. Como quiera que sea el caso, tan solo aspiro a que mi futuro lector pueda sentir algún consuelo ante la celebración, por modesta y opaca que sea, de mi encuentro jubiloso con el Dios vivo, y que lo llene de esperanza, ya que todos estamos convocados a regresar al seno de la Trascendencia. *Venimos de la Luz y vamos hacia la Luz.*

Ya he admitido, de otra parte, que mi escritura es por fuerza feliz porque yo misma lo soy, y no solo por la experiencia trascendente que Dios me ha regalado, sino porque he conocido la plenitud conyugal con un compañero de excepción y porque me ha sido dado cumplir a fondo con mi vocación medular: la enseñanza y la escritura. Esta mi rotunda vocación para la felicidad acaso pudiera ser de particular interés para contextualizar mejor estas páginas, ya que, como he adelantado, nuestra tradición cristiana, de la que soy hija, ha estado enamorada por milenios del sufrimiento y de la cruz. No es pues de extrañar que me llegara a sentir culpable por ser feliz. Es verdad que no me han faltado tragedias en mi vida —algunas muy graves, por cierto—, pero el saldo final ha sido una existencia armónica que celebro constantemente. Ante los sucesos hermosos que me acontecen en la vida, siento que todo mi ser se convierte durante días en una antorcha de gratitud a Dios. Es cierto que tampoco me ha tocado vivir conflagraciones mundiales como las que llevaron a pensadoras como María Zambrano, Edith Stein y Simone Weil a considerar que vivían en la hora más oscura de la humanidad. Pero admito que me resulta totalmente ajeno el deseo de Weil de «llegar a la Verdad por el infortunio», y sus ansias por regresar a Francia para caer en manos del enemigo y así abrazar de una vez por todas su extraño martirio, tan anhelado. Claro que nadie sabe cómo cada uno de nosotros reaccionaría en momentos extremos, como la irrupción de una guerra de sobretonos tan despiadados como fue la segunda mundial. No tengo reparos en confesar que mi patria puertorriqueña, pese a su humillante condición colonial, me ha provisto de un espacio protegido, sosegado, soleado y entrañablemente amoroso que me ha permitido ejercer una libertad intelectual y espiritual verdaderamente extraordinarias. Siempre rechacé el exilio, no importa me reclamara con el señuelo de cátedras prestigiosas que nunca dudé en declinar, porque desde temprano supe que mi servicio tenía que ser aquí, en esta patria lastimada que tanto amo. Abrazo su destino, que es el mío. Y me las arreglo para seguir siendo feliz con lo más importante: el amor y la vocación.

Ya ve el lector que mis confesiones constituyen una carta de batalla por los místicos felices.

Sería honrado confesar también que me debe haber sido concedida la herencia genética de una personalidad optimista, que me dificulta el que me pueda identificar con los excesos de sesgo masoquista o con la anorexia de figuras espirituales como santa Gema Galgani o la citada Simone Weil. Fui, de otra parte, intensamente amada en mi niñez, clave probable de mi proclividad al amor soleado y jubiloso. Algunos dicen que los místicos suelen ser personas que han sido muy amadas por la madre, el padre o por alguna figura nutricia de su niñez. Al menos en mi caso fue así.

Con todo, repito que no me «parecía bien» que pudiera ser tan feliz dado el deseo de martirologio y las renuncias extremas que han solido caracterizar la cultura mística cristiana tradicional de la cual desciendo. Y de la cual desciendo, para colmo, como católica pre-Vaticano II. Después de la experiencia mística, di pues en reflexionar con Ernesto Cardenal en que lo único que me parecería adecuado para honrar mi experiencia sobrenatural sería irme a servir a los pobres con la madre Teresa, que aún vivía en Calcuta. Aunque ese no era mi llamado, entendía que solo una oblación de esta magnitud era digna del don místico recibido. Ernesto me explicó con su acostumbrada paciencia que obviamente esa no era mi vocación, y que si me sentía plenamente realizada con la vida que llevaba de profesora universitaria felizmente casada, ya eso era de por sí un signo de gracia. Al cumplir con mi vocación estaba honrando los dones y las circunstancias vitales que Dios me había dado. Salta a la vista que Ernesto, como Thomas Merton, es un fiel seguidor de Teilhard de Chardin, que considera que la santificación personal consiste en explorar todos los talentos heredados para servir a Dios y a los demás. Puesto en palabras de santa Teresa: «lo que más os despertare a amar, eso haced» (4 M 1,7).

No quedé, sin embargo, del todo convencida, y le increpé a Ernesto que, en su propio caso, después de su vivencia mística él sí lo había dejado todo —el amor, su vocación de escritor, su patria— para irse al monasterio de la Trapa. Me confesó que en aquel momento su felicidad consistía justamente en abandonarlo todo para profesar como monje, y que si su propio confesor se lo desaconsejaba, aun así, lo iba a hacer. Yo en cambio tenía muy claro cuál era mi vocación —una simple vida civil y anónima de universitaria casada— y que eso era lo que realmente me llenaba de alegría. Ya dejé dicho que nunca, ni siquiera en mis fantasías infantiles, había sentido una vocación religiosa conventual; sí matrimonial. Ernesto me conminó entonces a vivir mi vida tal cual la llevaba, porque solo así serviría bien a los demás, pero que si un día Dios me lo quitaba todo, que aceptara Su voluntad con la misma entrega y regocijo con la que me había dedicado a cumplir con mi vocación. No tenía sino que haber revisado el *Camino de perfección* de santa Teresa, cuando habla de estos extremos: «[...] no está la humildad en que si el Rey os hace una merced no tomarla; sino tomarla y entender cuán sobrada os viene y holgaros con ella» (*Camino* XLVI, 3). Importa abrazar los dones recibidos y fructificarlos sin pretender «enmendarle la plana» a Dios, que nos los da para potenciar nuestras posibilidades de crecimiento espiritual. Marta (Mardía) Herrero Gil explicita este extremo en su ensayo *Cómo santa Teresa me acompañó al sufismo*, que pude leer aún inédito: hay que «saber aceptar lo que Dios nos pone en nuestro camino como lo que es: reflejo de otra cosa, huella de Su voluntad; con agradecimiento y aceptación. Rechazar [los regalos de Dios] si nos los da es tan apegado como desearlos si no los tenemos».

Me fue preciso poner oído atento a todas estas lecciones espirituales sensatas, pues debía superar mi limitada concepción de la vida espiritual, que entendía debía ser necesariamente «heroica» y «sufrida» para ser legítima. (Parece que leí demasiadas vidas de santos en mi niñez...). Ese prurito me había llevado a enseñar en las cárceles y a leerle a los no videntes, porque pensaba que solo con actos piadosos concretos y visibles hacía mérito espiritual. Dios me sacó muy pronto de ambos caminos —Él tiene sus señales y nos va enseñando a interpretarlas—, y me dio a entender que mi mejor manera de servirle sería a través de mi escritura y de mi docencia. Tardé mucho en aceptar la oblación de servir a los demás mientras hacía algo que me hacía tan excesivamente dichosa. Mi mentalidad católica, ya se sabe, exigía el «sacrificio» o el «martirologio». Poco a poco fui entendiendo que hay personas prisioneras en cárceles emocionales y otras no videntes en sentido emocional y espiritual que también requerían consuelo. Muchos de estos seres estaban en mi propio mundo universitario, incluyendo mis invidentes literales, a quienes pude ayudar más eficazmente desde este feliz espacio elegido.

Algo parecido le ocurrió a Cardenal estando en Solentiname (recuerde el lector que ambos somos católicos pre-Vaticano II y que por eso mismo nos entendíamos bien). Una tarde, en vez de ayudar en la pesca a los jóvenes de su comunidad, Ernesto optó por escribir. Se sintió culpable pese a que ese es, sin duda, el más alto don que Dios le ha conferido. Y me tocó consolarle recordándole que tocaría muchas más almas con sus escritos que pescando en las islas del archipiélago con los miembros de su comunidad. Hace mucho que Solentiname dejó de ser; pero los libros de Ernesto seguirán recorriendo el mundo, aliviando almas y ayudando a construir una mejor Nicaragua hasta mucho después de su muerte. En otras palabras: el magisterio globalizado del gran poeta me parece más meritorio que haber pescado aquella tarde en el lago. Después de todo, Ernesto era el único que tenía el don de la escritura en su comunidad contemplativa; sus hermanos tendrían otros talentos, pero no ese. Y gracias precisamente a la capacidad escrituraria excepcional del gran escritor nicaragüense, Solentiname aún perdura en la memoria, cristalizado para siempre en sus páginas como en prodigioso frasco de alcohol.

Según escribo, caigo en cuenta que ser feliz también es un acto de valentía extrema. Pocos deciden serlo de veras y proceden a tomar medidas para conseguirlo: probablemente el dolor todavía se estila más en nuestra cultura religiosa (y aun civil) que el gozo aceptado como bendición. He aprendido a aceptar la «cruz» de mi felicidad, por decirlo en clave católica: si bien de joven practicaba mucho el ascetismo, ahora me vuelvo «asceta» cuando Dios me lo pide porque me coloca en espacios de necesario desprendimiento. Ser feliz implica ajustes, negociaciones, flexibilidad en las relaciones humanas. He aprendido a vivir el instante henchido de dicha con máxima concentración y aceptar con alegría lo que nos es dado tener. Lo heroico en el fondo no solo es abrazar la felicidad como oblación gozosa, sino —he aquí el gran reto— mantener la misma dicha el día que Dios nos retire la fuente de nuestra alegría.

Mi propio caso poco importa, lo que sí debo decir es que las personas que más han aleccionado mi alma en este extremo de la aceptación madura de las bendiciones de la vida han sido siempre personas felices. A veces, heroicamente felices en medio de una desdicha que han tenido la valentía de superar. Son personas que han vivido, por decirlo con sencillez, en una auténtica armonía con Dios y que, acaso, sin saberlo, cumplen en sí mismos Su voluntad, irradiando una alegría redentora que resulta impagable para los demás. Nos ayudan, como auténticos faros de luz, a vivir en medio del desconsuelo y del dolor. Tengo una deuda muy grande con todos ellos: me han señalado el camino, casi siempre sin proponérselo. Para mí esta es una modalidad de magisterio espiritual muy alta. ¿Incluso, de «santidad»? Ya se sabe que nadie en esta tierra es perfecto, pero hay seres que emanan un amor tal que termina por hacernos mejores personas a quienes interactuamos con ellos.

Sé que no es lo usual que sea la felicidad del prójimo lo que nos aleccione espiritualmente, la que nos dé señales inequívocas del Amor que hace danzar de júbilo *al Sol y las demás estrellas*. Por ello mismo me veo impelida a compartir con el lector la inusual lección de alegría y de equilibrio emocional y espiritual que tengo recibida de estos seres. Sospecho que dar testimonio, siquiera abreviado, de ellos, es una de las razones por las que me resulta imperativo dar a la luz esta escritura. Evocar su ejemplo acaso sea lo único meritorio que tengan estas páginas.

Por lo general estas personas de quienes tanto he aprendido han vivido sus vidas con gran sencillez y sin ninguna pretensión. A nadie se le ocurriría pensar que fueran «canonizables» porque ni son notorias ni representarían de suyo un valor estratégico para ninguna institución religiosa. Pero para mí son *santos*. En su inmensa mayoría, *santos* laicos. Creo que estamos llenos de estos particulares *santos*, no empece no los sepamos reconocer: pero, como diría Miguel Hernández, *basta mirar: se llena de verdad la mirada.*

Comienzo por el caso de la persona más sencilla de todas: una niña que desde temprano había sufrido todos los infortunios posibles, sobre todo aquellos que solemos asociar con la orfandad, el abandono y la miseria, rampantes en el Puerto Rico de principios de siglo XX. Había perdido a su padre, víctima de tifus, muy pronto, y su madre enfermó de tuberculosis poco después. Vivían de la caridad familiar y la incertidumbre económica regía sus vidas. Cuando finalmente fallece la madre, tuvieron que arrancarle a la niñita de sus brazos helados, donde se había acurrucado por última vez. Puedo medir el tamaño exacto de este dolor. Comienza para la niña una nueva etapa de desdicha: la familia separa a los tres hermanos y destina a cada uno a una casa ajena. La presencia de estos niños recogidos, como era de esperar, se veía como una intromisión en el núcleo íntimo de las familias de acogida. Este es un extremo que importa comprender con generosidad, ya que los familiares hacían lo más que podían por la criatura destituta que recién estrenaba la orfandad total.

Pese a la magnanimidad del hogar de crianza de la niña, constituida por parientes lejanos que la alimentaron y la educaron, nunca pudo sentirse realmente bienvenida. Pero he aquí el prodigio: toda la acumulación de penas que llevaba no lograron borrar su alegría, su perenne sonrisa, su generosidad innata. Estaba libre del más mínimo asomo de amargura. Jamás culpó a nadie ni a nada de su desventura. Confieso que no sé cómo logró esta misteriosa alquimia psíquica, que desafiaría cualquier pronóstico realista sobre el desarrollo de su personalidad. Según iban pasando los años, ya crecida y siempre desbordada de ternura, se dedicó con unción a criar a los sobrinos que fueron aumentando su familia de crianza. Me consta que este amor todo abrazos fue definitivo en el desarrollo psíquico de algunos de estos niños, pues ella era, y por mucho, la persona más efusiva y cariñosa del hogar. Vivía en un generoso olvido de sí misma, sin pose alguna: el amor que rezumaba la inclinaba de manera natural al servicio del prójimo.

Pero las desventuras siguieron tocando a su puerta. Ya en su veintena enferma de tuberculosis, y su nueva condición implicó otro abandono más en su corta vida hecha de despedidas. Fue enviada a Estados Unidos para su sanación, pero cuando se recupera ya no pudo regresar a su país, pues su familia de acogida, como era esperable entonces, temía el contagio. La joven, que siempre tuvo los pies en la tierra, se valió por sí misma, asumió el largo exilio norteamericano y se mantuvo dignamente con su trabajo. Evito hablar de sus desgracias sentimentales, pero fueron, asimismo, muy graves. Muchas décadas después pudo regresar a su país, y en esta etapa la conocí yo. Su sonrisa y su abrazo eran los heraldos de una paz espiritual lograda a la perfección: el perdón total a todos los infortunios de su vida estaba dado. Era, irónicamente, la persona más objetivamente desgraciada pero, a la vez, la persona más feliz de toda la familia. Siguió trabajando y cuando se la requirió para ayudar a criar nuevos sobrinos, ahora sobrinos-nietos, siempre decía presente. Cuando al fin pudo tener un pisito propio, que consideraba su paraíso personal, convidaba a la familia para celebrar la vida. Lo que ella celebraba era la felicidad de compartir y de dar a los demás a manos llenas. Huelga decir que también era una persona muy creyente, solo que con la alta nobleza de no tener fanatismo alguno.

Pasan los años y, ya muy mayor, enferma. Sabía bien que los microinfartos cerebrales terminarían por hacerle perder sus facultades cognoscitivas, pero acepta su destino con la misma serenidad asombrosa con la que había asumido los avatares, tan dramáticos, de su vida, pues todo su ser reflejaba la entrega total de su institivo *fiat voluntas Tua*. Se acogió de manera voluntaria —incluso, alegre— a un hogar de envejecientes para tener garantizado un mejor cuido, y allí no permaneció ociosa, pues se dedicó a ayudar a las monjas en el cuido de las ancianitas que tenían peor salud que ella. Siempre pensó que aquellos años que estuvo en el hogar, cuando aún estaba mentalmente viable, fueron de los más felices de su vida: allí fue coronada «Reina de los corazones» y jamás olvidó la alegría con la que bailó en la ceremonia. Siguió sirviendo a sus semejantes hasta que su mente se apagó, pero nunca se apagaron su sonrisa y su abrazo. Ojalá canonizaran estos prodigios de equilibrio emocional, estos secretos heroísmos espirituales, esta capacidad serena de perdón total. El privilegiado carisma espiritual de esta mujer ejemplar era vencer la tentación de la tristeza para dar paso al amor, al servicio y a la felicidad. Agradezco a Dios un ejemplo tan alto.

He aquí otro caso heroico, igualmente regido por la alegría de vivir en medio del infortunio. Ya antes me he referido a mi amiga y antigua compañera de estudios, Silgia Navarro, que compartió conmigo de manera misteriosa aquella tarde en el seminario de literatura cuando me aconteció la gracia mística. Silgia tuvo un accidente gravísimo de muy niña, que le fracturó las vértebras de la espalda y la dejó siete largos años postrada en una cama de hospital, amarrada a una tabla rígida para que no tuviera movimiento alguno. La niña ponía un espejito al lado de su cabecera para anticipar el momento en el que su padre entraba a su habitación a visitarla. Imaginen las secuelas que pueden dejar siete años de hospital en la temprana infancia. Estoy segura de que este abnegado progenitor, pastor cristiano y figura nutricia primordial en la vida de mi amiga, salvó su vida psíquica y la hizo la persona radiante de dicha que llegó a ser. Los médicos ponían en duda que la niña sobreviviera y desde el principio habían descartado que volviera a caminar. Cuando, tras muchos años, le dan el alta médica, es su padre quien le asegura que, en contra de todo pronóstico médico, ella volvería a caminar y sería agraciada con una vida completa. Y la niñita, cogida de la mano de su madre y de su abuela, intentaba caminar porque al final del pasillo estaba su padre asegurándole que ella podría hacerlo con el poder sanador de Cristo. Desafiando todas las expectativas razonables, Silgia venció las limitaciones de su cuerpecito herido y desde entonces, y no empece a las secuelas físicas que aún le quedan, ha caminado por la vida irradiando serenidad, júbilo y amor por los demás. Se dedicó a la prédica religiosa y a la enseñanza de literatura y desde estos foros ha cumplido su destino gozoso de tocar las almas que van desfilando bajo su amorosa tutela.

Quiero dar fe de lo más valeroso: lo ha hecho con una sonrisa ausente de queja alguna y con un amor rebosante por la vida, que incluye haberle dicho que sí al amor, hacer viajes exóticos y rodearse de objetos hermosos. Mi antigua compañera de estudios vive verdaderamente en la presencia de Dios todos los instantes de su vida: ha sido bendecida con la gracia mística y todos sus actos se encaminan a este Amor que coronó su valerosa existencia para siempre.

Tuve otra compañera de estudios memorable por el valor, la entereza y la alegría con la que dirimió sus gravísimas desventuras vitales. Celia Dubovoy convivió conmigo y otras amigas en una residencia para estudiantes graduados mientras se doctoraba en micología en Harvard. Tenía una salud muy precaria, de origen hereditario, que, entre otras serias complicaciones, debilitaba sus huesos al punto de estar expuesta a fracturas constantes. Solo podía caminar con unas pesadas muletas, por lo que estaba obligada a depender de los demás en todo momento. Celia esperaba esa ayuda, sin pedirla jamás, con una sonrisa tímida y una paciencia sin tregua. Jamás en mi vida la escuché quejarse, sino que, por el contrario, vi cómo reduplicaba esfuerzos para lograr su doctorado en ciencias como si tuviera la misma salud que teníamos las demás. Quería ignorar sus limitaciones y solía triunfar en su intento. Jamás olvido un banquete mexicano que me preparó una vez se mudó a un pisito de Cambridge. No es fácil ir al supermercado, arreglar un espacio, preparar una cena y servirla con la salud totalmente resquebrajada y arrastrándose con muletas. Pero Celia siempre apostó por vencerse a sí misma y dar el máximo de sí. Me consta que las personas minusválidas no suelen tener la oportunidad, siempre gozosa, de dar a los demás. Mi amiga no permitió que ese fuera su caso. Aquella noche me ofrecí a ayudarla a servir, pero me lo denegó con la alegría de un ángel y me obligó a estar sentada todo el tiempo mientras servía la cena con la mano apoyada precariamente en una de sus muletas. Y con la vida completa apoyada en una valiente sonrisa de amor.

Su condición de salud llevaba a Celia constantemente a los hospitales, y ella bromeaba diciendo que gastaba al *Harvard*

Health Plan por todas nosotras. Un día que acudí a verla al hospital me encontré con una escena de particular desamparo: Celia vomitaba —todos sabemos cómo nos sentimos cuando devolvemos— y se encontraba completamente sola, con esa soledad punzante propia del exilio en tierra extranjera. Pero al verme se le iluminó el rostro y celebró mi presencia —«¡qué gusto verte!»— echando de lado inmediatamente su grave malestar. En ese preciso instante mi afligida pero valerosa amiga me regaló una lección sin par: caí en cuenta de que al consolarla a ella —entiéndase, al consolar al prójimo— me olvidé de mí misma y de mis propias tristezas. Nuestros problemas no son nada comparados con las cargas que los demás tienen que sobrellevar.

Contra lo esperado, Celia superó todos los obstáculos hasta que se doctoró en ciencias con calificaciones brillantes y obtuvo trabajo en un laboratorio de gran prestigio. Allí, debido a la dificultad y limitación de sus movimientos, tuvo un accidente dramático que la encendió en fuego y que la devolvió por largos meses a los hospitales de antaño. Quemaduras de tercer grado cubrían gran parte de su cuerpo. Operaciones, trasplantes de piel en extremo dolorosos, ya se sabe. Pero, incólume en su valentía, en su vocación científica férrea y en su alto instinto de felicidad, Celia se repuso una vez más. Y para celebrarlo, decidió venirnos a visitar a Puerto Rico, donde ya mi marido y yo estábamos enseñando en la Universidad.

Fue una fiesta de vida. Nunca la vi más contenta: con la alegría inusual de quien ha padecido demasiado, Celia apuraba cada sorbo de la aventura que suponía para una mexicana conocer de cerca una isla caribeña. Coincidimos con amigas mutuas de nuestra época de Cambridge e incluso recuerdo que una de ellas, científica como Celia, la llevó a conocer a su hermana, que era monja de clausura. Celia, formada en el judaísmo, acudió al convento con su talante acogedor de siempre: su espiritualidad era abierta, amorosa, confiada. Habíamos compartido largamente sobre este tema, y siempre admiré la apertura de su fe, que abrazaba todas las posturas religiosas. Cuando nos despedimos, recuerdo vívidamente con cuánta unción nos encomendamos la una a la otra a «nuestro Dios»: léase, al Dios del Amor que trasciende dogmas separadores.

No la encomendé en vano: Celia murió al otro día, justamente al regresar a Ciudad México, de un inesperado ataque al corazón. Pese a mi estupor, me consoló pensar que había terminado su calvario sobre la tierra, y que la felicidad que tuvo en mi patria había sido su despedida final de la vida. Ya han pasado cuatro décadas de su muerte, pero cada vez que abro la Biblia vuelvo a estar con Celia, pues señalo las páginas con un marcador de libros que me regaló y que lleva inscrito un lema que retrata su alma: «A friend is a present: you give yourself» [«Un amigo es un regalo: te das a ti mismo»]. Celia Dubovoy se dio completa a los demás, y el legado de su heroísmo felicísimo ha sido para mí un regalo inacabable.

Otra alma que me dejó otro saldo de lecciones semejantes en el orden del amor conjugado con la felicidad fue mi tía abuela y madrina de confirmación, Conchita Baralt, a quien en familia llamábamos Titita. Siendo yo muy niña y estando encamada por un año entre la vida y la muerte debido a una fiebre reumática plagada de complicaciones, Titita me visitaba con el aura de unción especial y de bondad que siempre tenía. Me regaló una *Vida de Jesús* que aún conservo con su dedicatoria amorosa: su lectura reiterada me marcó para siempre, pues fue el libro que me inició en los misterios de mi fe cristiana. Titita dedicó su vida a enseñar religión y catecismo en los grados elementales y muchos de sus antiguos alumnos recuerdan el impacto definitivo que sus lecciones espirituales tuvieron para ellos. Muchos años más tarde me sería dado saber que las autoridades eclesiásticas llegaron al punto de considerar incoarle un proceso de beatificación. No sé qué sucedió con aquel intento; lo cierto es que siempre supe, de manera instintiva pero ajena a todo asomo de duda, que mi tía abuela realmente era una *santa*; no una «beata» al uso de muchas otras mujeres piadosas tradicionales del siglo pasado, sino una auténtica *santa*.

Ya muy anciana, y tras una vida de sembrar amor, Titita ingresó en un asilo de envejecientes y allí la solía visitar. Después de hablar con ella acerca de nuestros temas espirituales en común, me refugiaba en la Iglesia para asumir el encuentro. Es que sentía que abrazarla era como abrazar a Dios. Algo sagrado había en ella que no acierto a explicar, pero sí a sentir.

Al final de sus días Titita perdió la vista. Jamás emitió una queja ni mostró decepción ante su paulatino deterioro físico. Tan solo recurría a escribir poemas delicadísimos pidiendo a Dios que su ceguera, plena y gozosamente aceptada, pudiera ayudar espiritualmente a alguien. Esa era precisamente su preocupación: seguir sirviendo a Dios y a los demás incluso desde sus manquedades y minusvalías físicas. No quería que nada en su vida pudiera dejar de ser de servicio para el Reino. Me atrevo a pensar que Dios contestó esta oración esencializada de entrega total, pues Titita nos aleccionó a sus allegados para siempre con la grandeza sencilla de su alma. A mí en especial.

Su muerte fue tan hermosa como su vida. En su lecho mortuorio mi querida Titita me dio su último regalo espiritual, su última lección de vida: yacía amortajada con el hábito de la Tercera Orden Carmelita. Nunca había tenido noticia de que era terciaria, pese a que hablábamos de temas de espiritualidad en cada uno de nuestros encuentros y pese a que ella sabía de mi predilección por san Juan de la Cruz, sobre quien ya tenía escritos algunos de mis primeros estudios. Su humildad fue adelante siempre, y jamás proclamó su consagración al Carmelo.

Mientras la velaban, tanto las monjas como sus compañeras ancianitas rodeaban el lecho de Titita pidiéndole a viva voz que las llevara con ella al cielo. Me acompañará siempre esa escena de aroma medieval y esa sencilla «canonización» espontánea y colectiva. Nunca mejor dicho: la declararon *santa súbita*. Todos los que la rodeaban asumían su *santidad* de la manera más natural del mundo. Sobre todo, las monjas que la cuidaban: eso fue lo que más me impresionó. Mi madrina estará en la gloria del Señor; lo sé por otras experiencias espirituales posteriores muy impactantes de intercesión asociadas con ella. La Iglesia las llamaría «milagros». Lo son: pero me limito a guardar en mi alma la certeza de su rotunda *santidad* y los milagros asombrosos concedidos por su intercesión. *Secretum meum mihi* [Mi secreto es para mí].

Hay otra persona con la que aún tengo la dicha de estar compartiendo, y que en este caso se trata de una monja dominica de clausura. Hablo de mi prima hermana, pero oculto su nombre para no ofender su humildad y sus votos religiosos. Siempre la he llamado «primita» porque es un poco menor que yo, pero, sobre todo, por su innata dulzura y alegría candorosa. Comenzamos a unirnos espiritualmente después de ella haber profesado, pues tras nuestra niñez compartida en la isla ella marchó a Estados Unidos y luego a París y nos vimos poco. Estando como estudiante en Francia y siendo todavía muy joven, comenzó el calvario de sus penurias de salud. Estuvo muy grave, y solo mucho después supimos que se trataba de los primeros síntomas de una esclerosis múltiple que con el paso del tiempo han ido dejando una huella cruel en su organismo. Mi prima, por más, ha superado tres cánceres, dolencias cardíacas que la llevaron a usar marcapasos, múltiples intervenciones quirúrgicas y procedimientos por secuelas de su esclerosis y, recientemente, una operación cerebral para drenar un tumor que esta vez resultó benigno. Durante décadas la he ido acompañando por distintos hospitales, por incontables oficinas médicas, por conventos remotos en distintos países, pues tras profesar en Puerto Rico pasó a Valladolid, después a África y ahora se encuentra de regreso a la isla por razones de su salud precaria. Conozco a fondo su alma radiante. La gloria de su sonrisa y de su alegría contagiosa no se apaga nunca. Pese a sus dolencias, literalmente catastróficas, nunca piensa en ellas, sino en cómo estamos de salud los demás. En inglés va mejor: es un ser realmente *selfless*, que me parece más exacto que «desprendida».

Cuando nos encontramos, solemos buscar un ratito juntas para ponernos al día y, al despedirnos, reiteramos nuestra promesa de estar unidas en el momento de la consagración de la Eucaristía. Puedo afirmar que se trata de la vocación religiosa más valiente, más imperturbable, más feliz, más sencilla, más segura y confiada que me haya encontrado en la vida. Los médicos que la tratan apenas pueden dar fe de lo constante de su entereza y de alegría radiante en medio de sus viacrucis de salud.

Suelo besar su manita tras la doble reja conventual, pero cuando sale a revisiones médicas o es ingresada en hospitales —lo que ya es su dura peregrinación habitual— nuestro abrazo cómplice es interminable. Está desbordada de amor y lo expresa sin ambages con todo su ser. En su última hospitalización, cuando la pude abrazar tantas veces, le dije: «¿Sabes, primita, que los abrazos son sanadores y muy importantes para la salud física y emocional?». Me contestó con su sonrisa imborrable: «Lo sé, Luce, no te preocupes, que las hermanas siempre nos abrazamos fuertemente en el beso de paz de la primera misa de la mañana».

Apunto que esta monja, que ofreció a Dios el estar enclaustrada para siempre, es un ser lúcido que está completamente al tanto de la vida, de la familia, incluso de los avatares políticos y sociales de turno: nada observo en ella de evasión de la realidad, pese a su regla conventual tan estricta y a su aislamiento tan prolongado. Solo puedo añadir que cuando necesito algún aliciente emocional en el camino del alma —una «cura de sonrisa»— pienso en ella. Su felicidad contagiosa, imperturbable en medio de las penurias físicas más extremas, es uno de mis mejores talismanes espirituales.

Hablo de sonrisas y recuerdo la impresión que me causan los monjes tibetanos, siempre sonreídos, incluso traviesamente. ¿Será que ríen tanto para compartir la alegría, que entienden como un don espiritual necesario? En un monasterio que visité en Lhasa vimos cómo los jóvenes novicios repasaban las enseñanzas de sus maestros: era una delicia verlos reír a carcajadas, con sus rostros bañados de gozo. El Dalai Lama, a quien tuve la oportunidad de conocer en Puerto Rico, no se quedaba atrás: después de haber dirigido al público unas palabras solemnes en el orden espiritual (tal como se esperaba), lo vi hacer travesuras —literalmente— en el escenario a sus otros monjes, tan risueños como él, e incluso a los promotores del acto, entre los que se encontraba mi compatriota Ricky Martin.

En Occidente todo ello nos puede resultar «incongruente» pero, bien pensado, la alegría y la risa son las emociones más sanas del mundo, y no hay por qué desterrarlas de la vida espiritual. De seguro por eso mismo es que el Dalai Lama y su amigo el arzobispo Desmond Tutu titularon la historia de uno de sus encuentros cómplices como *El libro de la alegría*. Acaso también esa misma alegría instintiva propia de quien vive a fondo los asuntos del alma explica por qué Thomas Merton reía tanto. Una vez pregunté a Ernesto Cardenal cómo recordaba a su célebre maestro de novicios, y me confesó enseguida que lo que más le impactó de Merton fue su risa contagiosa, que a menudo explotaba en medio mismo de la dirección espiritual, motivada por cualquier recuerdo que lo hiciera feliz.

Acaso el lector se asombre cuando le dé noticia de otra persona dotada de una especial alegría luminosa que siempre me ha ayudado a vivir: el poeta español Jorge Guillén. Es otro de mis «*santos* laicos». Así de profundas han sido las lecciones que me han dado su entereza y su inconmovible alegría ante la vida. Conocí al poeta muy a fondo, desde que fuera mi profesor de literatura en la Universidad de Puerto Rico (contaba yo diecinueve años), hasta su muerte dos décadas más tarde en Málaga. En Cambridge, donde vivía exilado, tanto mi futuro marido como yo pudimos estrechar mucho aquella antigua amistad. Mantuve con él una correspondencia intensísima que aún no he dado a la luz pero que comenzó desde 1964, cubriendo numerosos continentes hasta que su vida se apagó en 1984. Pese a nuestra gran diferencia de edad, siempre solíamos hablar de algo que nos hacía cómplices secretos: nuestra rotunda vocación de felicidad. Nos empecinábamos, sobre todo, en celebrar la felicidad conyugal: el poeta había sido inmensamente dichoso en el matrimonio, y en ello coincidíamos de corazón. En las reuniones sociales que teníamos buscábamos un breve momento para darle vivas al amor, hasta el punto que su hija Teresa exclamaba: «¡A Luce y a Papaíto hay que dejarlos solos porque no todos comparten su tema, que es para matrimonios muy bien avenidos!». Es que, en efecto, no todos gustaban de aquel asunto tan peregrinamente gozoso. La dicha nupcial es uno de los máximos regalos del cielo.

No olvido que nuestra última salva al amor fue en Málaga. Ya don Jorge estaba muy anciano y sabíamos que no nos volveríamos a ver. Tras reincidir en nuestras celebraciones al amor y a la felicidad sagrada que conlleva, me dijo: todo esto que hemos hablado hoy lo seguimos hablando por carta. Y en esa carta que ya recibí en Puerto Rico don Jorge incluyó un poema, entonces inédito, relacionado con su fe inquebrantable en el amor.

Don Jorge solía decir con júbilo: «ante la vida tengo una sola respuesta: ¡sí!» El poeta era, podría decirse, la personificación de su «Cántico». No en balde usurpó el título de su largo poemario a mi dilecto san Juan de la Cruz, con cuya alegría don Jorge decidió presidir sus versos. ¡Cómo no sentirme cerca de ellos! Considero que san Juan y Guillén son los únicos dos poetas realmente felices de las letras españolas. (Y ello, a despecho de Boscán, quien se aventuró a celebrar su dicha conyugal en la «Epístola a don Diego de Mendoza», solo que lo hizo con versos tan desangelados y prosaicos que realmente no cuentan).

El regocijo de don Jorge era contagioso, aleccionador, incluso, sacramental. Supe de primerísima mano de la altura emocional con la que había navegado las desgracias de su vida: una guerra civil, un exilio inesperado y una viudez prematura. Siempre que a don Jorge le era preciso narrar cualquiera de estas tragedias, intentaba buscar el rayo de sol, por breve que fuera, que las había iluminado, siquiera por un instante: siempre lo hallaba, pues no se rendía ante la tristeza ni reclamaba ante nadie sus desdichas. «¡Creo en Dios, con todo y barba!» exclamaba, pese a su conocida actitud religiosa laica y libérrima. Y lleno de Dios —del Dios radiante de la alegría— lo percibí yo siempre. Creo que Dios se le epifanizó a don Jorge en el júbilo vital, que en él fue constante.

Quise que este admirable regocijo perenne del poeta bendijera mi boda. Mi marido Arturo y yo, estudiantes doctorales en Harvard por aquel entonces, celebramos nuestro matrimonio bajo un manzano florido en Cambridge, bajo un manzano florido en blanco. (Conste que no pensé entonces en san Juan de la Cruz, pero me fue dado vivir su encendido verso nupcial: «debajo del manzano, / allí conmigo fuiste desposada...»).

Jorge, que a la sazón también vivía allí, que dijera su décima «Las doce en el reloj», síntesis de un instante en cúspide de plenitud feliz y, de todos sus poemas, mi favorito. En memoria de don Jorge lo comparto con el lector:

Dije: Todo ya pleno.
Un álamo vibró.
Las hojas plateadas
Sonaron con amor.
Los verdes eran grises,
El amor era sol.
Entonces, mediodía,
Un pájaro sumió
Su cantar en el viento
Con tal adoración
Que se sintió cantada
Bajo el viento la flor
Crecida entre las mieses
Más altas. Era yo,
Centro en aquel instante
De tanto alrededor,
Quien lo veía todo
Completo para un dios.
Dije: Todo, completo.
¡Las doce en el reloj!

Mientras Guillén entonaba su canto soleado a la completa reconciliación de la existencia, a la intuida comunión con el Todo, las campanas de Cambridge comenzaron a tañer al mediodía. Aquellas campanadas inesperadas nos desconcertaron a todos, porque nadie había cronometrado adrede el instante dichoso. Era como si la alegría de los versos radiantes del poeta hubiesen convocado la música de las campanas. *Church bells beyond the stars heard* [Campanas de iglesia oídas más allá de las estrellas]: imposible no recordar a George Herbert. En instantes en cúspide como este podemos intuir cuando todo accede a la gracia. *Something understood* [Algo ha sido comprendido]. La bendición nupcial encapsulada en verso de Guillén aún nos perdura, con todo su gozo: ya hace más de cuatro décadas de aquella boda, y no hay día en el que no reiteremos su celebración. Me voy a atrever aquí a confesar la medida de mi dicha, porque para mí tiene sobretonos sacramentales: antes de cenar, en un rinconcito de nuestra sala que ya consideramos sagrado, mi marido y yo encendemos unas velas y nos tomamos un jerez para compartir los sucesos del día. Todo afán exterior queda en silencio en este templo improvisado porque protegemos esos momentos como un resquicio especialísimo de nuestra vida en común. ¿Cómo es posible que esta felicidad, tan reflexionada, tan negociada, tan celebrada y tan llena de amor no pueda ser cónsona con la más alta vida del alma? Para mí constituye una plegaria, posiblemente una de las más altas que me es posible entonar en este mundo de sombras pasajeras.

Y ahora dejo de escribir porque van a dar las siete y las campanas interiores repican a gloria: llega la hora de encender las velas y de escanciar el jerez.

Espigo brevemente un último caso de otra alma que me marcó con su alegría heroica. Corrían los años setenta y mi marido y yo conocimos en Indonesia a Giselle, quien, como habríamos de saber más tarde, era una sobreviviente de Auschwitz. Nuestra amiga, una judía francesa que mantenía su *joie de vivre* y su coquetería intactas, aún tenía su brazo marcado con el número infamante del campo de concentración donde había sido internada de adolescente. Nos asombró su exultante regocijo, que la hacía celebrar cualquier instante que le pudiera proporcionar un resquicio de felicidad, una gota de dicha. Todo la encendía en gozo: una *tanga* modesta de vestir comprada en un puerto oriental, un baile con su marido. «We have to live a little» [«Tenemos que vivir un poco»], nos decía sonreída mientras, radiante, llevaba a su cónyuge Bert Rubinstein a la pista de baile.

Poco a poco trabamos amistad y, movida por una pulsión misteriosa, un día Giselle decidió confesarnos su pasado como prisionera del campo de exterminio más célebre de Polonia. Con una serenidad imperturbable fue compartiendo con nosotros las atrocidades vividas: bebía sus propios orines en los trenes que la conducían al campo de exterminio, y su delgadez llegó a ser tan extrema que el hueso de su pelvis terminó por romper la piel de su cadera. Había recorrido ya varios campos de concentración, pero, una vez en Auschwitz, y bajo la angustia y el estrés más extremo, desarrolló poderes psíquicos que le permitían saber anticipadamente quienes habrían de perecer al otro día en las cámaras de gas. Pero su madre, nos confió Giselle, le había dicho que ella había nacido con una estrella especial que habría de protegerla siempre. Esa amorosa garantía maternal ayudó a la joven prisionera en los días de Auschwitz, pues tenía la certeza de que no habría de perecer allí.

Un día, sin embargo, la seleccionan junto a otros prisioneros para su turno con la muerte, y la conducen a golpes de culata de rifle a los hornos de cremación, a los gritos de «¡perra judía!». Pero Giselle se sabía bien que su destino no era perecer en los hornos de gas, y susurró para sí que esa «perra judía» no iba a morir allí. En el umbral mismo de las duchas, otro guardia, también a golpes de culata de rifle, rugió «¿qué hace ella aquí?» y la sacó a golpes de su muerte segura. Giselle nunca supo por qué le salvaban la vida: ¿burocracias minuciosas nazis con la lotería de la muerte que no era lícito alterar? ¿O es que salvaban a los reos más fuertes para el trabajo? ¿O bien usaban sexualmente las mujeres jóvenes pese a su demacración esquelética? Todo puede ser. Pero Giselle supo que aquella no era su hora.

Nos confió también que los prisioneros del campo de exterminio, víctimas de la desesperación, se las arreglaban para hacer sesiones espiritistas muy tarde en la noche. El dato no deja de ser curioso si se piensa que la fe judía no es proclive a tales prácticas. Pero lo que nuestra nueva amiga nos decía entre líneas es que el reino de sombras de aquel infierno exacerbaba las facultades extrasensoriales de los condenados.

Durante su larga temporada en Auschwitz la prisionera francesa aprendió a chapurrear varios idiomas, entre ellos el alemán, junto a rudimentos del ruso y algo de polaco. Pasa el tiempo y he aquí que comienza a observar, junto a una amiga tan joven como ella, la creciente desmoralización de los guardias alemanes, que descuidaban la vigilancia del campo de concentración. Advirtieron con perspicacia que los militares, otrora tan disciplinados, no se ocupaban ya de sus armas, ni siquiera de abotonarse los cuellos de sus uniformes. Incluso la verja electrificada que aislaba el campo de exterminio había colapsado en más de un sitio y sus alambres se encontraban hundidos en la nieve. Pasaba el tiempo y no los reparaban. Las jóvenes comenzaron a sospechar que todo aquel deterioro anunciaba la derrota de Alemania. Síntomas externos como estos eran los únicos que los prisioneros tenían a su disposición para hacerse una idea de cómo iba la guerra, ya que no tenían acceso alguno a noticias de prensa ni de radio.

Sospechando que la guerra tocaba a su fin y que los alemanes comenzaban a asumir la derrota, las dos jóvenes amigas decidieron arriesgar sus vidas en un intento de fuga, circunstancia que hoy sabemos no fue incomún en estas prisiones de exterminio. Lograron hurtar dos uniformes militares que los guardias indisciplinados no custodiaban ya y, vestidas de nazi —eran, nos decía Giselle, dos esqueletos uniformados— pudieron escapar cruzando la verja electrificada justamente por el lugar donde los cables habían colapsado en la nieve. Como sospechaban, ya no estaban activados. Caminaron aturdidas por horas (recuerdo que Giselle usó la palabra «dazed») hasta que encontraron al fin un letrero que señalaba «Auschwitz» en dirección contraria: se habían salvado. Un tanque ruso que acertaba a pasar las avistó y Giselle comenzó a agitar sus manos pidiendo auxilio. Su amiga le recordó que estaban vestidas de guardias alemanes, por lo que eran un blanco perfecto para los soldados rusos. Entonces la esquelética joven recién liberada rompió a gritar en varios idiomas que eran mujeres prisioneras escapadas de Auschwitz. Cuando los soldados rusos lograron convencerse de su identidad, las subieron al tanque y ofrecieron dejarlas en el pueblo más cercano, pero les advirtieron que los aliados iban a bombardearlo en breve. A las jóvenes no les importó el dato ominoso: era su única salida. Por más, un bombardeo al aire libre era un lujo comparado con Auschwitz.

Una vez los soldados las depositan en el pueblo, el júbilo de la libertad recién adquirida fue tal que ninguna de las dos acudió a protegerse en los refugios, porque prefirieron mirar las bombas explotar luminosas en el cielo como juegos pirotécnicos. «¡Eran preciosas!», explicaba Giselle, aún emocionada con el recuerdo. Sospecho que les parecería que las luces inflamadas en el cielo daban salvas a su alegría.

A nuestra amiga le tomó un año de hospitalización, de cuidos médicos y de terapia psicológica recuperar la salud del cuerpo y restablecer su equilibrio mental. Cuando la conocimos, ya en su sesentena, no había en ella rastros de amargura ni mucho menos una actitud vindicativa hacia sus atormentadores. Todo había dado paso al regocijo genuino de quien ha asumido su destino de manera sapiencial. Esta actitud la hacía agradecer continuamente a Dios cada instante, que vivía con entusiasmo feliz y agradecido. Giselle nos pareció un milagro de equilibrio psíquico y de madurez, un ejemplo viviente de sabiduría emocional y espiritual que nos aleccionaba calladamente mientras compartía los trágicos avatares de su vida. No cabe duda que tenía una «estrella especial» en su frente, tal como su madre había vaticinado.

Cuando muy jovencita, Giselle, que era nacida en París, había sido enviada por sus padres a ser educada en un convento en el sur de Francia. Era su intento de protegerla del creciente antisemitismo y de la conflagración final que ya se vaticinaba. Irónicamente, fue la primera de su familia en ser arrestada y deportada por los nazis. Su caso guarda, por cierto, relación con el de otra víctima de Auschwitz, Edith Stein, solo que, al revés de la fenomenóloga, nuestra amiga sobrevivió y, tras mucha reflexión, revertió a su judaísmo natal después de la odisea del campo de exterminio. Lo practicó, eso sí, sin dogmatismo y con una gran apertura de conciencia para todas las religiones, propia de quienes lo han superado todo de veras.

Lo que más admiré de esta alma fue justamente su festiva alegría, tan genuina, y capacidad heroica para el perdón. Una tarde me tocó atestiguarlo de cerca, sin que ella lo advirtiese. Estaba Giselle con su marido en una recepción del barco donde la conocimos, y se le acercaron varios caballeros alemanes. Casi todos eran ya muy mayores y, como han pasado tantos años de la escena que narro, por fuerza habrían estado vinculados de alguna manera u otra con las atrocidades perpetradas por Alemania durante la guerra. Se presentaron y brindaron galantemente con nuestra amiga sin saber quién era realmente aquella dama francesa tan llena de vida. Para compartir con ellos, Giselle cambió del inglés al alemán y, cuando tropezaba con alguna palabra olvidada, les decía con dulzura: «es que hace mucho tiempo que no hablo alemán...». Aquellos señores jamás habrán sospechado dónde aprendería su lengua la interlocutora con quien estaban charlando tan amenamente. El perdón de Giselle los amparaba, los protegía de ellos mismos y los envolvía con una aureola de compasión total porque se encontraba ya a salvo de toda amarga petición de cuentas. Mi llorada amiga perdonó «setenta veces siete», como nos enseñó Jesús, y lo hizo, para colmo, con gracia. Con gracia mundana, sin estrépito ni fanfarria. Aún más: con regocijo. ¡La felicidad epifánica de haberlo perdonado todo! Ya se sabe: *una persona feliz nunca es peligrosa*.

Para mí Giselle fue una auténtica *santa* laica: es sencillamente heroico superar una experiencia vital como la suya y, para colmo, irradiar a los demás su equilibrada felicidad. Sé que le costó años llegar a esta paz rotunda. Estoy en deuda perpetua con ella por su extraordinaria lección de vida. Nuestras confidencias y reflexiones continuaron hasta su muerte de cáncer, pues aquel encuentro culminó en una larga y entrañable amistad.

Muchos años después de su deceso mi marido y yo peregrinamos a Auschwitz. Al fin nos fue dado conocer de primera mano el entorno atroz del calvario que Giselle superó con tanta entereza. Allí pude besar las fuertísimas cadenas y el candado que aún cierra la celda de san Maximiliano Kolbe y que todavía da testimonio silencioso de su extrema santidad, pues dio su vida cuando se ofreció a morir en lugar de un prisionero que necesitaba desesperadamente salvarse, ya que lo aguardaban su mujer y sus hijos. (Por cierto que hacía tres semanas que este prisionero había regresado a Auschwitz para rendir homenaje de gratitud a Kolbe). Es que la más densa de las sombras siempre puede ser penetrada por la luz del Amor.

En medio de aquel espacio de antiguo horror vi algo que me llamó poderosamente la atención: en el baño colectivo de las prisioneras, que era muy amplio, aún se podían ver dibujados en las paredes imágenes de flores abrientes y multitud de gatitos primorosos que inspiraban ternura y proporcionaban a las desdichadas que los habían pintado un instante de solaz en medio de su desesperanza de cada día. No es mucho que sospeche que mi delicada amiga Giselle pudo haber trazado algunas de aquellas figuras regocijadas. Era una manera de emerger del cieno hasta el cielo, y ella siempre supo andar ese camino valeroso.

También el psiquiatra Victor Frankl, a quien tuve el privilegio de escuchar en la Universidad de Puerto Rico, me dejó saber de primera mano que hasta del infierno de Auschwitz se puede emerger mejor persona. Los infiernos que creamos en este mundo pueden, en efecto, ser caldo de cultivo de la *santidad*. Son de sobra conocida las propuestas existenciales de Frankl, aureoladas del más radical optimismo pragmático. Su libro testimonial *Man's Search for Meaning* [*El hombre en busca de sentido*] da fe de que quienes sobrevivían el despiadado salvajismo del campo de exterminio no eran los más vigorosos o jóvenes, sino los que tenían una razón de vivir. Fuera esta reencontrar un ser querido o escribir un libro. Frankl había quedado con mucha dificultad al andar como resultado de su vivencia en Auschwitz, y aún me parece ver cómo el rector de mi Universidad, Jaime Benítez, lo ayudó a subir los peldaños para que pudiera acceder al escenario. Una vez allí, atestigüé el prodigio: ninguna reliquia de odio; ni la más mínima queja; mucho menos, necesidad alguna de vindicación: solo la magia de una sonrisa compasiva que todo lo perdonaba y todo lo envolvía. Y comenzó a hablar, dándonos las claves de cómo vivir —y sobrevivir— en el amor y el optimismo. Creo que Dios nos ha regalado estos seres de luz para que sepamos que del abismo de sufrimiento más extremo de nuestra modernidad pueden surgir ángeles.

Sé que vengo adjudicando una «santidad» metafórica a estas personas de las que tanto he aprendido, pero admito que cada alma es un misterio impenetrable que solo Dios puede conocer. Solo Él sabe cómo realmente somos cada uno de nosotros, pues somos seres en lucha con la dicotomía de nuestra propia luz y nuestra propia sombra. Lejos de mí pues el «canonizar» al prójimo de manera literal —ya sabemos que ningún ser encarnado es perfecto—. También sé que cada alma puede tener momentos de santidad junto a posibles manquedades espirituales. Incluso hay personas que nos muestran su parte lumínica, mientras que a otras personas les resulta en cambio más evidente su dimensión oscura. Tomando en cuenta todos estos *caveats*, lo que sí me atrevo a «canonizar» aquí son las lecciones de alegría heroica que estos seres luminosos me han dado. Por eso los he sentido siempre cerca del Amor de Dios, atorbellinado de dicha, no empece que, en su inmensa mayoría, no hayan sido místicos. Dios nos reclama a todos a Su Luz.

Ya se trate de monjas profesas, de terciarias, de altísimos poetas, o bien de simples personas laicas (católicas, protestantes, judías o agnósticos al margen de toda estructura eclesial), estas almas me han legado su regocijo espiritual, tan valiente. Sé bien que aun estando en la tierra comenzó su cielo.

Doy por seguro que necesitaba encontrarlas en mi camino.

VII

«... Y HEME AQUÍ, CONVERTIDA EN UN RÍO DE ASOMBRO»

Salí de Tu mar en calma
y heme aquí
convertida en un río de asombro.

Ya sabe el lector que escribir sobre estos extremos de vivencias suprasensibles no ha sido un proceso sencillo para mí. Una persona laica que decida dar paso a confesiones de esta magnitud se las ve difícil tanto en el marco del cristianismo tradicional como en el marco de la vida secular. Con todo, hay que decir que en las últimas décadas el estudio del misticismo atraviesa un importante proceso de validación en Occidente. Admito que el nuevo ambiente cultural y científico, algo más receptivo a la aceptación de lo suprasensible, me ha aliviado considerablemente la ardua tarea del desvelamiento de mi psique profunda.

Este *aggiornamento* interdisciplinario, con todo, tampoco ha estado exento de problemas, ya que la percepción infusa de la Verdad última que los místicos proponen ha solido levantar suspicacia en todas las religiones institucionalizadas. Todo lo que se relacione con cualquier forma de conocimiento inspirado tiende a perder automáticamente su posible «dignidad»: solemos estar mal preparados para asumir como una posibilidad real la percepción de verdades sobrenaturales imposibles de medir empíricamente.

A los cristianos se nos ha hecho especialmente difícil asumir con respeto esta forma alterna de conocimiento de la Realidad, ya que nuestra religión institucionalizada carece de una dimensión esotérica, es decir, de un nicho respetuoso y legítimo desde el cual explorar estas dimensiones del saber. Salta a la vista que hemos olvidado buena parte de la sabiduría secreta de místicos como los Reformadores del Carmelo, y que aún no hemos asumido del todo las lecciones de místicos contemporáneos como Merton, Pannikar, Cardenal o Hammarskjöld.

El filósofo Seyyed Hossein Nasr contrasta el caso del cristianismo con el del judaísmo y el islam: ambas religiones cuentan respectivamente con las ramas esotéricas de la cábala y del sufismo, para las que no tenemos un verdadero equivalente. Si un iniciado musulmán o judío quiere profundizar en la vida del alma sin abandonar su fe, elige de manera natural estas opciones espirituales, acreditadas por la experiencia de siglos. Los esfuerzos de algunas figuras prominentes del cristianismo renacentista por dotar de auténtico prestigio la sabiduría infusa de la Verdad y atemperarlo a su fe han pasado mayormente desapercibidos porque sus planteamientos chocaron frontalmente con la Inquisición europea del momento. Basta con recordar algunos casos de pensadores célebres, muchos asociados al neoplatonismo o bien directamente a la Academia neoplatónica de Florencia: Marsilio Ficino, Pico della Mirandola, Giordano Bruno y Nicolás de Cusa, en cuyas manos pudo haber estado la posibilidad de constituir el equivalente cristiano del esoterismo institucionalizado de las otras dos religiones monoteístas. Pero parecería que todo esto da indicios de cambio: no olvidemos el campanazo de alerta que dio Karl Rahner con sus palabras proféticas: «El cristiano del futuro o será un místico o no será cristiano». El teólogo de Friburgo aclara su posición, aparentemente radical pero, en el fondo muy sensata: «Sin la experiencia religiosa interior de Dios ningún hombre puede permanecer siendo cristiano a la larga bajo la presión del actual ambiente secularizado».

La ciencia y la filosofía y aun el psicoanálisis vienen a su vez haciendo importantes revisiones epistemológicas en sus campos respectivos, y sus exploraciones pragmáticas nos ayudan a comprender mejor —y a respetar más— el fenómeno místico. Sobre todo, nos resultan útiles al momento de distinguir la vivencia fruitiva del éxtasis de las patologías con las que ha solido estar tan largamente asociada.

Ahí están, por ejemplo, los experimentos de la neurociencia: desde el punto de vista del funcionamiento del cerebro, estudios contemporáneos con tomografías computarizadas muestran que personas en estado de meditación profunda presentan una actividad alta en la corteza prefrontal (procesos atencionales) junto a una ausencia de actividad de los lóbulos parietales (áreas de orientación, relacionadas con el tiempo y el espacio). Hoy sabemos que la contemplación altera el sistema nervioso y detona una cadena de eventos neurológicos, y estos cambios fisiológicos podrían ayudar a explicar la experiencia de conexión con el Todo. El éxtasis se experimenta como algo real, y tiene consecuencias tangibles para el individuo: el sufrimiento desaparece y todos sus deseos están en paz. Vale recordar una vez más la sensación de armonización que experimentó san Pablo, que no sabía si había vivido su éxtasis «en el cuerpo o fuera del cuerpo». Para él había cesado la dualidad y la noción de la separación, que siempre nos hace sentir tan indefensos. Algo de esto han intuido desde siempre las culturas contemplativas, cuando intentan propiciar la experiencia noética a través de técnicas como la meditación, el ayuno, la privación de estímulos sensoriales y el baile, que influyen directamente en el cuerpo.

Herbert Benson, autor el célebre *Relaxation Response* y fundador del Mind/Body Medical Institute de Harvard, ayudó a desmitificar la meditación tradicional llamándola «relaxation response» [«respuesta de relajación»]. Ha explicado los beneficios que da la relajación para la salud física, pues es un método eficaz para combatir el síndrome del *fight or flight response* o «respuesta de lucha o escape» que suscita un estado de ansiedad permanente en la persona. No es de extrañar que este médico de ideas innovadoras terminara planteándose una pregunta pertinente: «are we wired for God?». El estudioso se plantea la posibilidad de que tengamos la creencia en un Ser Supremo impresa o «alambrada» en los genes: lo cierto es que nuestro libreto genético suele favorecer esta noción, ya que nos ayuda a sobrevivir y a sobrellevar mejor las dificultades de la vida y el temor a la muerte. Esto lo tenemos sabido por experiencia todos los creyentes.

Como se sabe, algunos científicos y aun algunos filósofos modernos han experimentado con drogas y fármacos para inducir sensaciones semejantes a los estados místicos, donde el paciente experimenta una expansión de los límites de su conciencia, una obliteración del yo y un sentido de hermandad con lo creado que lleva aparejado deleite y paz. Tanto Aldous Huxley como William James se sometieron a estos experimentos, que se hicieron célebres en los años cincuenta. Todos recordamos, ya en años posteriores, las drogas «psicodélicas» y los «viajes» producidos por estupefacientes como el LSD. Recientemente, científicos como Michael Pollan (*How to Change your Mind: The New Science of Psychedelis*) usan estas substancias «psicodélicas» para aplicarlas, de manera controlada, a la psicoterapia e incluso para administrarla, en dosis reguladas, a los pacientes terminales. Pese a que la experiencia de estos «paraísos artificiales» remeda la vivencia de felicidad y amor abismales del éxtasis místico, se quedan en eso: en una experiencia consoladora encapsulada en sí misma, sin consecuencia alguna posterior. (Esto, para los afortunados, porque muchos otros pacientes descienden a infiernos inducidos o simplemente no «vuelven» del «viaje» porque pierden la razón). Una vez este «impersonal blessedness» [«bienaventuranza impersonal»] que sienten los pacientes del éxtasis provocado artificialmente por la droga pasa, deja en el sujeto, si sale incólume del experimento, el hermoso recuerdo de la felicidad vivida sin más. Una paciente atea que experimentó dicha «epifanía» farmacológica salió muy complacida, sin alterar un ápice su ateísmo y sin introspección alguna sobre lo sucedido. Es que para Pollan la cosa termina justamente ahí: «We should't look for authenticity [in the experience] we should [...] look no further than the magnificence of the experience itself» [«No deberíamos buscar autenticidad (en la experiencia); deberíamos (...) buscar, sencillamente, la magnificencia de la experiencia misma»].

Personalmente sospecho que todo lo dicho superficializa los estados alterados de conciencia auténticos que conllevan consecuencias importantes en la conducta del místico. Ya he recordado lo que apuntó al efecto Dorothee Sölle: la inefabilidad a secas no es suficiente para garantizar una experiencia mística auténtica. Comenté antes que la vivencia se puede convertir en un ídolo sin consecuencias, extremo que siempre me parece peligroso, máxime en nuestras sociedades modernas, en las que el abuso de estupefacientes inmoviliza las mejores fuerzas de los jóvenes. Como me es ajeno el campo de la neurociencia no puedo opinar más acerca del asunto, salvo recordar que la experimentación con alucinógenos es antiquísima, pero en pocos casos —pienso en los chamanes auténticos— guarda una relación con la experiencia mística y la compleja cultura religiosa de milenios que la rodea. Eso, sin olvidar que todas las religiones tienen métodos para ayudar a inducir la experiencia del éxtasis, sin provocarla artificialmente: ejercicios respiratorios, meditación, rezo de mantras, inciensos, cantos y aun bailes rituales. Pero, una vez más, en caso de duda, si queremos entender a los místicos, recurramos a santa Teresa: «por sus obras los conoceréis».

La psicología y la psiquiatría también han dicho presente en esta puesta al día del fenómeno místico. Como se sabe, Carl Jung y su escuela han respetado la experiencia de la *theopoiesis*, que entienden constituye una excelente manifestación de la integración personal en la que la persona accede al centro mismo de su personalidad. La escuela freudiana, en cambio, interpretó la experiencia mística como una regresión patológica, y psiquiatras como Joseph Henry Leuba consideran que el éxtasis es un trance inconsciente histérico producto de la necesidad de estima propia y de la insatisfacción de los impulsos sexuales. En los años sesenta, por otra parte, algunos investigadores positivistas como Walter Pahnke llevó a cabo en Harvard el estudio comparativo de la experiencia psicodélica con lo que Rudolph Otto había llamado «lo numinoso». Hay que decir que estos estudios no tomaban en cuenta, sin embargo, las repercusiones de estos estados alterados de conciencia en la vida de los sujetos, y tendían a identificar al drogadicto o al desequilibrado con el contemplativo.

Muchos años atrás el filósofo y psicólogo pragmático William James, a quien he tenido oportunidad de citar anteriormente, había refutado con vehemencia en sus *Varieties of Religious Experience* las teorías que hacían derivar la religiosidad del instinto sexual o de necesidades afectivas insatisfechas. Desconfió de los argumentos que explicaban las vivencias de san Pablo como una descarga epiléptica occipital o las de santa Teresa como una afección histérica. Sin negar la dependencia de la conciencia de los estados orgánicos, no consideró que estas explicaciones positivistas zanjaran el valor espiritual de determinadas experiencias. Aunque los místicos pudiesen haber padecido algunos desequilibrios nerviosos, ello no basta para explicar el complejísimo legado contemplativo de espirituales como san Agustín, santa Teresa o Rumi. De ahí que James, haciéndose eco de una tradición espiritual milenaria y universal, exploró de manera pragmática la diferencia entre un místico y una persona víctima de una decompensación mental: ya se sabe, «por sus obras los conoceréis». Pocos místicos insisten tanto en ello como santa Teresa de Jesús cuando asegura que de nada sirven las iluminaciones extáticas ni las visiones si no fructifican en obras tangibles, y vale la pena insistir una vez más en sus palabras: «[...] de esto sirve el matrimonio espiritual: de que nazcan siempre obras, obras» (*Moradas* VII, 4, 6).

Ya el psicólogo francés Henri Delacroix había observado que a medida que se avanza en los estadios de la vida mística, no se produce un empobrecimiento de la vida psíquica, como en las disociaciones psicóticas, sino al contrario, se da un enriquecimiento cada vez mayor. Silvano Arieti lo secunda: en los estados místicos el individuo experimenta un grado notable de autoestima. El místico auténtico carece de la amargura y del resentimiento o de la calma resignada que percibimos en los psicóticos. Peter Buckley destaca a su vez que en los estados místicos no encontramos los trastornos de pensamiento y lenguaje presentes en los trastornos psicóticos: la calidad de las relaciones personales de los místicos con su entorno y el funcionamiento razonable que manifiestan en otras áreas de su vida los distingue de los casos patológicos. El místico regresa de la experiencia con su psique armonizada, no desintegrada. Puedo dar fe de ello porque durante años me pareció responsable el someterme —ya el lector lo sabe— a la exploración de mi propia experiencia mística y de otros carismas menores que aún no alcanzaba a comprender con una psicoanalista experta en la materia. Como reflexionó melancólico Ernesto Cardenal en su «Oración por Marilyn Monroe». *Para la tristeza de no ser santos / se le recomendó el psicoanálisis...* En mi propio caso no podía permitir que ninguna sombra de duda empañara mis vivencias espirituales. Como he explicado, estas solo fructificaron de veras después de haberlas asumido plenamente a lo largo de la terapia. Estamos en el siglo XXI, y la ciencia psiquiátrica y la dirección espiritual hoy deben ir de la mano.

La psicología transpersonal de nuestros días, en sintonía con el espíritu del *New Age*, que aglutina elementos de la psicología humanística, de la psicología analítica de Jung y de la espiritualidad oriental, intenta a su vez validar la experiencia mística. Esta particular escuela considera que la cosmovisión occidental, en su forma más rigurosa, es incompatible con toda noción de espiritualidad. En un universo donde solo lo tangible, material y medible es real, toda actividad religiosa y mística se entiende como muestra de ignorancia o inmadurez emocional, cuando no de psicosis. Lo que la ciencia es incapaz de medir lo ha solido descartar como inválido: recordemos las protestas en este sentido de Henri Bergson, que considera —ya lo vimos— que no podemos cuantificar las experiencias del espíritu como hacemos con otros fenómenos naturales. Al no ser «mensurables», tienen, por fuerza, sus leyes propias.

El psicoanálisis, más adecuado para el estudio de la dinámica psíquica profunda que acaece en este tipo de experiencias, comienza a replantearse a su vez la vivencia mística. Ahí están las importantes indagaciones de W. W. Meissner y Ana María Rizzuto en Norteamérica, A. Vergote en Bélgica, L. Beirnaert en Francia, P. L. M. Eigen en Inglaterra, L. Ancona en Italia, Sudhir Kakar en la India y Jordi Font, Carlos Domínguez Morano y María Isabel Rodríguez Fernández en España, por espigar unos pocos nombres. Vale destacar que Meissner lleva a cabo un «psicoanálisis» a distancia de las vividuras místicas de san Ignacio de Loyola, mientras que Ana María Rizzuto revisa la mismísima posición de Freud, que consideró la experiencia mística «oceánica» como una experiencia regresiva que corresponde al período más temprano del desarrollo del niño. Rizzuto argumenta que cuando el psicoanálisis dice al místico que sus experiencias son «patológicas» porque no son «reales», da un salto filosófico desde su campo empírico, declarando qué puede existir y qué no. Como disciplina empírica la teoría psicoanalítica no está capacitada para afirmar o negar nada en el orden del ser. El psicoanálisis no puede, por tanto, cuestionar ningún contenido de fe, sino tan solo explorar la relación del sujeto con esos contenidos de fe. La investigadora argentina, de otra parte, explora también cómo el niño va armando desde la más tierna infancia su imagen de Dios —ya me he referido antes a su estudio *The Birth of the Living God*— y descubre asimismo las razones psicoanalíticas del rechazo de Sigmund Freud al estudio del fenómeno místico en *Why did Freud Reject God?* (Me conmueve saber, a través de Jordi Font, que Freud dejó un escrito que fue hallado *post-mortem*, en el que se refería a la mística como «la oscura percepción del reino exterior al yo...». No es mucho sospechar que el padre del psicoanálisis tuviera ambivalencias frente al Misterio último).

Por su parte, comenta Carlos Domínguez Morano en su estudio *Orar después de Freud* que el psicoanálisis, cuando adopta con el paciente un acercamiento que no prejuzga la posible existencia de una realidad sobrenatural, trata de comprender qué tipo de factores operan para hacer posible la experiencia mística y qué otros factores pueden operar para que la experiencia posea un carácter sano, maduro y expansivo o, por el contrario, no pase de ser una experiencia regresiva y patológica. En cualquier caso, considera el estudioso que quedará siempre abierta una cuestión a la que la experiencia mística nos remite sin cesar: el Misterio. No puedo estar más de acuerdo:

> Considerada según las épocas y las culturas como experiencia de santidad en las religiones, de locura con el advenimiento de la psiquiatría, o de emergencia de la totalidad del ser en la sociedad secularizada y romántica de la New Age; siempre y desde cualquiera que sea el método de categorización que podamos utilizar, la experiencia mística cumple una función [...] fundamental: la de mostrarnos el límite de nuestra experiencia, el límite de nuestro conocimiento, al señalar hacia una realidad que trasciende [...] los límites de nuestro yo. El místico aparece así como el indicador del Otro, en tanto expresión de lo que nos excede. Es el testigo de lo que nos sobrepasa, el recordatorio de que vivimos envueltos en la densidad del misterio, y de que lo real sigue estando más allá de los que se nos ha dado a conocer.

Cabe insistir, una vez más, con William James, Raimon Pannikar y los místicos de antaño, en algo determinante que nos ayuda a poder calibrar el testimonio que ofrecen los místicos de su vivencia interior: si no se trata de un simple bienestar transitorio, porque ya su vida y su psique han cambiado para mejor, es probable que estemos ante una vivencia auténtica y debidamente asumida. Estos frutos tangibles que la experiencia detona me siguen pareciendo cruciales. Los místicos maduros intentan ajustar sus vidas al Amor que experimentaron más allá del espacio-tiempo: no comparten ni el interés científico exclusivo por los fenómenos paranormales que suele caracterizar algunas expresiones del espiritismo científico, ni el interés económico (ni siquiera el posible interés humanitario) de otras formas de espiritualidad que procuran ayuda de carácter supranormal a clientes de turno. Se trata de una experiencia sustentada en el Amor, que solo se puede expresar, dirimir y honrar vivencialmente en términos de amor, no importa qué forma tome la expresión de ese Amor. Da igual que se llamen Teresa de Ávila, Teresa de Calcuta, Hildegarda de Bingen, Muhammad Iqbal, Ibn al-'Arabi, Thomas Merton, Ernesto Cardenal o Isaac de Luria, o que hayan ocultado sus nombres para la posteridad: ni la época ni la geografía determinan la misteriosa gracia innombrable que cambió sus vidas para siempre.

Los sorprendentes hallazgos de la física cuántica y la astrofísica y las reflexiones resultantes que vienen suscitando en nuestros días también podrían ayudar a atemperar el tradicional descreimiento en torno a las experiencias sobrenaturales de que ha hecho gala Occidente. Ernesto Cardenal, por poner un ejemplo, se sirve de la enigmática simbología de la física moderna no como un simple marco erudito decorativo para su reciente escritura cosmológica, sino porque entiende que se trata de un campo de conocimiento misteriosamente afín a la vivencia mística que ha experimentado. Al menos, en lo que se refiere a la extrema dificultad que implica comprender los misterios de dicha disciplina y comunicarlos cabalmente.

El lenguaje que emplea la mecánica cuántica, «de la que / dice Feynman, nadie entiende», guarda para Cardenal relación con la expresión del misterio insondable de Dios. En su *Vida en el amor* el poeta expresaba aturdido que su encuentro con Dios fue como «algo agridulce pero que fuera infinitamente amargo e infinitamente dulce». El poeta no puede pues no sentirse justificado —incluso, consolado— por la física moderna, llena de paradojas al parecer insolubles. Y, en especial, por el nuevo lenguaje apofático que suscita, que tan de cerca consuena con el de la mística tradicional.

Acceder a la astrofísica, siquiera como un principiante lego en la materia, es acceder al vértigo, porque hay que modificar nuestros procesos mentales usuales para poder comprender, aun mínimamente, las nuevas propuestas científicas. A las teorías de la relatividad de Einstein se unen las de John von Neumann, que propone que la función de las ondas no es realmente una cosa, pero es más que una idea: es una extraña mezcla de idea y de realidad. Igualmente inquietante es el diagrama de Richard Feynman, según el cual un neutrón cambia constantemente en un protón para volver luego a ser neutrón. El teorema de John S. Bell formula otra teoría perturbadora: segmentos separados de la realidad en el universo están conectados de manera íntima, misterio que resulta incomprensible a nuestra manera usual de percibir las cosas. Según las leyes astrofísicas, para colmo, alteramos lo que observamos: «Mi decisión de cómo observar un electrón / cambia al electrón», reflexiona perplejo Ernesto Cardenal en sus *Versos del pluri-*

verso. La nueva física, como la mística, parecería pues desafiar la lógica aristotélica. Un universo cuyas partículas subatómicas danzan en cambio perpetuo y están sin embargo inexorablemente unidas parecería cónsono con la percepción del éxtasis, al menos, «desde esta ladera». Imposible no concurrir con las palabras de Niels Bohr: «Those who are not shocked when they first come across quantum theory cannot possibly have understood it» [«Quienes no queden impactados al topar por vez primera con la teoría cuántica, es imposible que la hayan entendido»].

¿Qué sacar en claro de tanto enigma irresuelto? En primer lugar, el nuevo lenguaje científico del delirio tiende, *prima facie*, a justificar el lenguaje alucinante que describe la experiencia mística suprarracional. Por eso Cardenal dejó dicho que «hoy los físicos hablan como los místicos». De ahí también que pensadores contemporáneos como R. G. H. Siu, Gary Zukav y sobre todo Fritjof Capra se hayan animado a hablar del *Tao of Physics*, es decir, del «Tao de la física».

Pero se impone un *caveat*: pese a que la *coincidentia oppositorum* de Nicolás de Cusa consuena con el lenguaje de la física cuántica actual, la Energía Divina que el místico experimenta no es la misma que la energía que explora la astrofísica en el laboratorio. Tampoco el movimiento de las moléculas en una solución equivale a la simbólica danza eterna de Shiva. Se trata, puntualiza el filósofo místico Seyyed Hossein Nasr, de órdenes de conocimiento totalmente distintos, por más que presenten curiosos paralelos a nivel de su articulación lingüística. Nasr considera que dichos paralelos son en el fondo superficiales porque carecen de un fundamento metafísico real. Se trata de acercamientos diferentes al saber: concurro con la cautela de Nasr porque la experiencia mística —ya lo señalé desde el principio— implica un estado alterado de conciencia, ajena del todo a la racionalidad lúcida con la que un científico, por asombrado que esté, aborda los problemas de la ciencia.

Como se sabe, al fundar la filosofía moderna, Descartes limitó las posibilidades cognoscitivas del ser humano exclusivamente al plano corpóreo de la realidad, privilegiando el racionalismo puro a expensas de la ontología. El racionalismo cartesiano habría de decidir el enfoque fundamental que Occidente tendría hacia los problemas del conocimiento. Aunque su secularización ayudó a modernizar eficazmente el pensamiento europeo, a la larga, paradójicamente, y justamente por su propia rigidez, terminó empobreciéndolo. Nasr somete el célebre *cogito ergo sum* de Descartes a una crítica rigurosa, considerando que este cambio de óptica epistemológica constituyó «the most intelligent way to be non-intelligent» [«la forma más inteligente de no ser inteligente»]. No es que el filósofo iraní, en su defensa de la *scientia sacra*, se oponga a la actividad de la razón: a lo que se opone es a su divorcio tajante de la gnosis mística, que considera pertenece a un orden superior al de la mente racional. Insisto por mi parte en que se trata de dos órdenes distintos de conocimiento, y que ambos son válidos en sus propios méritos. El místico no desprecia la razón, pero la supera: cabe reiterar lo que Ernesto Cardenal me dijo, hablando de estos misterios allá por 1974, que en el instante del éxtasis sobrenatural es «como si nos naciera un nuevo órgano de percepción». Queda pues inoperante nuestra manera usual de percepción, y es sustituida por otro modo de percepción. Mucho más alto, sin duda. Lo cierto es que no experimentamos el Todo con nuestra mente racional ni con nuestros sentidos: lo «degustamos» de manera inmediata y nos transformamos en Él, pues para conocer el Amor infinito esta transmutación de nuestro ser es imprescindible. Como dejé dicho antes, se trata de un conocimiento transformativo, de un orden completamente distinto al sensorial o al racional. La carga del antiguo mandato cartesiano ha dificultado a la filosofía, a la ciencia e incluso a la psiquiatría reconocer la posibilidad de este otro orden del conocimiento. Precisamente el de los místicos. Y ello nos devuelve al consejo primordial de san Agustín, que nos conmina a no ir fuera de nosotros, sino a adentrarnos en nosotros mismos, porque en el interior del ser humano habita la Verdad: *noli foras ire. In te ipsum redi. In interiore homine habitat veritas.* El cosmos más misterioso de todos no es el intergaláctico, ni el infinitesimal, sino el del hondón profundo del alma, la sede del conocimiento infuso, allí donde único nos podemos unir con el Todo.

Esta abreviadísima actualización de las distintas disciplinas que he venido explorando como persona lega pero curiosa constituye un simple botón de muestra de las nuevas actitudes que van despuntando en torno a la teoría del conocimiento místico en nuestros días. Es un recuento por fuerza incompleto de campos ajenos a mi especialidad, y me consta que pronto quedarán superados. Y aun obsoletos. A ello me he arriesgado, pero me animé a dejar algo dicho sobre estas disciplinas científicas y filosóficas para que el lector vea que su creciente flexibilización epistemológica me ha ayudado mucho a hacer un poco menos arduo el desvelamiento de mi propio camino espiritual. Al menos, así lo siento.

Contrario a estas ciencias, hijas de la razón y del esfuerzo humano, sé bien que el *Libro Vivo* en el que Dios me dio a leer un día no caducará nunca, pues habla de aquella Verdad inmarcesible que para san Agustín fue *tam antica et tam nova* [tan antigua y tan nueva]. Cada místico la ha cantado y la volverá a cantar desde su propia óptica intransferible. Estará cantando lo Mismo, y se verá reflejado en las obras intemporales de otros místicos, no importa su origen ni la época en la que hayan vivido.

Ya dejé dicho, de la mano de san Juan de la Cruz, que Dios «lleva a cada una [de las almas] por diferentes caminos» (Ll3, 59). Por este camino que he intentado trazar en estas páginas es que me ha llevado a mí. «Mucho me atrevo» (*Vida* XXI, 4) terciaba santa Teresa ante las nuevas sendas que iba tomando su propia escritura mística, hija directa de sus vivencias. A mucho me he atrevido yo también, ciertamente. Desnudar el alma nunca es fácil, de ahí que recurra a «autorizarme» una vez más con la flexibilidad espiritual de estos grandes maestros de almas, mis santos de cabecera, al ir concluyendo estas páginas. La Madre Reformadora también nos instó a dejar de lado las pequeñeces que nos pudieran impedir abrazar con toda el alma la gracia mística recibida, porque nos podrían entorpecer el proceso de su aceptación total. Gran psicóloga era: «No cure de unas humildades que hay, de que pienso tratar, que les parece humildad no entender que el Señor les va dando dones. Entendamos bien, bien, como ello es, que nos los da Dios sin ningún merecimiento nuestro, y agradezcámoslo a Su Majestad; porque si no conocemos que recibimos, no despertamos a amar» (*Vida* X, 4).

Decía muchas páginas atrás que la experiencia mística, cuya exploración ha sido el motivo central en estas páginas, lleva a algunos a fundar (o a reformar) órdenes religiosas, a redimir países atormentados o sociedades injustas. A otros nos devuelve a «seguir fregando los platos». En mi caso buena parte de este prosaico «lavar los platos» ha sido escribir estas páginas, sin duda las más difíciles de mi vida, dado su carácter abiertamente confesional. Santa Teresa se sentía tan abrumada por la magnitud de sus confesiones que a la altura de la séptima morada la asaltaron las dudas en torno a su propia escritura: «Y es verdad que he estado en gran confusión, pensando si será mejor acabar con pocas palabras esta morada, porque me parece que han de pensar que yo lo sé por expiriencia, y háceme grandísima vergüenza, porque, conociéndome la que soy, es terrible cosa» (*Moradas* VII, 1, 2). Aunque la santa recurría a la retórica del ocultamiento, todos los lectores, los de entonces y los de ahora, sabemos que atravesó, en efecto, las séptimas moradas, que tan de cerca conocía. A mí, que no soy nadie y que escribo entrado ya el siglo XXI, ya no me es dado acogerme al consuelo del disimulo bajo el cual se ampararon tantos místicos tradicionales: lo dicho, dicho está. Y ha quedado dicho con la menor retórica de ocultamiento posible. Confieso que llevar a cabo este desvelamiento ha sido para mí un esfuerzo que raya en lo heroico.

Ardua, atemorizante tarea la de ser escriba del Infinito. Cuando el místico se anima a escribir sobre los procesos de la vida del alma involuntariamente traduce de Dios, pues se transforma en traductor o trujamán —*tarjuman* diría Ibn 'Arabi— de Sus secretos. Pero el haber degustado el conocimiento inmediato del Uno —el *hikmah al-dhawqiyyah* o «conocimiento saboreado» de los sufíes— aquella «ciencia sabrosa» de san

Juan de la Cruz nos inclina (aún más, nos obliga) a la tarea de compartir nuestra vivencia con los demás. El único consuelo que tenemos aquí es que la literatura se nos ha vuelto servicio.

Ya sabe el lector que para descargar de alguna manera mi deber escriturario me he servido de un símbolo que intuí podría dar expresión a mi particular vivencia del éxtasis transformante: la legendaria fuente de mercurio de Medina al-Zahra'. Esta alfaguara refulgente iba revelando sobre su voluble superficie de plata los secretos siempre renovados del torbellino de colores y de formas que constituían el conjunto policromado del recibidor califal. La fuente, irisada por el surtidor, parecería haberse contagiado del dinamismo perpetuo del *majlis* en movimiento, pues repetía sin fin su glorioso circuito de formas encendidas. La alfaguara formaba pues un Todo indisoluble con la belleza de la cúpula palaciega, que giraba sobre sí misma con una precisión caleidoscópica siempre renovada, dando la ilusión que superaba la sucesión inexorable del tiempo. Imposible ya distinguir el dinamismo de la danza de colores del espejo dúctil que la refleja: la dualidad parecería haber cesado. Todo ha confluido en Uno. Con esta vertiginosa imagen arquitectónica he querido evocar las noticias infinitas de la Esencia de Dios en el instante eterno en el que se reflejaban sobre el espejo de mi alma en estado unitivo. Con rendida unción, esta se fue plegando a todas y cada una de estas altas noticias divinales en un rotundo, regocijado *fiat voluntas Tua*. Ya era una con el Misterio que abrazaba con oblación gozosa. Sumida en este *Mysterium tremendum* me fue dado experimentar la inextricable unión que tenemos con todos los seres y con el mundo creado: el alma transformada en Dios es un eje sagrado donde se armonizan los cielos y la tierra. El círculo gozoso de la fuente mercurial unificadora se me impuso pues para que me fuera posible compartir de alguna manera la unión jubilosa con el Uno.

Lo sé bien: Dios no es así como lo he intentado sugerir, pues no tiene imagen y no se puede describir en términos de la belleza creada. Es obvio que un místico insinúa, pero nunca aspira a convencer, porque sabe bien que ha sido receptor de una experiencia inefable e intransferible. Entiende también que su vividura no se puede cuantificar en un laboratorio ni demostrar en un axioma filosófico. Gran indefensión la nuestra, para la que no hay solución posible.

Así pues, lo único que puedo asegurar una vez más es que este símbolo de la fuente infinita de Medina al-Zahra' es hijo directo de mi experiencia sobrenatural, pues fue detonado por ella. Lo que he representado en estas páginas es tan solo cómo me sentí y cómo me fue dado referir, ya devuelta a esta orilla, el *locus* sin tiempo de la Revelación del Todo.

Me he atrevido a asediar lo Indecible para referirles mi encuentro con el Amor inmutable que es el *finis terrae* de todos los amores del mundo visible. Tenía que hacerlo, aun cuando, al servirme de un puñado de imágenes desvalidas, traicionara la Realidad de lo vivido. Como Bergson, sé bien que he hablado de cosas «para cuya expresión no estaba hecho el lenguaje». Hubiera querido articular la palabra *aun fresca del contacto celeste*, pero jamás me será dado decirla, por más páginas que gaste: tan solo puedo balbucear el estado de perplejidad gozosa en el que he quedado tras degustar el sabor inmarcesible de la Eternidad, que aquella tarde *no me fue avara*.

Solo aspiro a que esta escritura, como la fuente infinitamente dinámica del palacio omeya, continúe revelando nuevas formas de conocimiento en el lector, y lo ayude a intuir sus propios secretos espirituales. Sé bien que se trata de un proceso abierto, pues el texto, dúctil como el mercurio de la alfaguara cordobesa, habla a cada uno *según su modo y caudal de espíritu*.

Quisiera cerrar estas páginas haciendo mías las palabras de santa Teresa, que se hizo cargo de la indefensión de su escritura polivalente, que sabía bien habría de quedar abierta a interpretaciones distintas. A pesar de ello, la santa no puso jamás en duda la verdad rotunda de los altísimos misterios que había degustado:

«Pensá lo que quisiéredes; ello es verdad lo que he dicho» (*Moradas* VII, 6, 14).

A MANERA DE EPÍLOGO

Inesperadamente, me ha tocado corregir las pruebas de este libro peregrinando por hospitales mientras acompañaba al compañero de mi alma en su lucha contra la muerte. Todo ello mientras la epidemia letal del coronavirus cerraba el mundo entero y limitaba las opciones de tratamiento médico. Mi país, lastimado por la bancarrota, dos huracanes seguidos y terremotos sin tregua en su costa sur, asumía una nueva etapa de desasosiego y de veda de abrazos.

En medio de este arduo proceso de desasimiento, resplandece como nunca en el hondón de mi ser la Certeza gozosa en el Amor infinito de Dios. Y queda incólume una única plegaria: *Hágase Tu voluntad.*

* * *

Este libro es importantísimo [...] Admiro mucho tu sabiduría y erudición en este tema. Sigue escribiendo así. Este libro me rebasa y no puedo seguir hablando sobre él porque no soy competente para ello (Ernesto Cardenal, desde Managua, 8 de octubre de 2019).

Acabo de leer su libro y lo encuentro muy claro, muy sobrio, y completo en la presentación de sus experiencias. Para mí el libro refleja fielmente todo lo que hablamos por años. Las referencias que hace a su tratamiento conmigo son también claras y sobrias y refleja claramente lo que hicimos juntas.

La felicito por la valentía y la humildad de revelar sus experiencias a sus lectores. Pienso que al leerlas serán muy útiles para muchos que no logran articular como usted lo que ellos experimentan en sus experiencias místicas (Ana María Rizzuto desde Córdoba, Argentina, 28 de septiembre de 2019).

ÍNDICE DE NOMBRES Y DE LUGARES